Die wichtigsten Zahlen

Besuchte Länder: 8
Gesamtstrecke: 2952 Seemeilen
Tage: 145
Hafentage: 65
Häfen: 29
Tage allein an Bord: 9
Kosten
  Schiff und Ausbau: ca. 10 000 €
  Reise (Essen, Hafen, Diesel und einfach alles): ca. 2800 €
Durchschnittliche Hafengebühr: 7,70 €
Durchschnittliches Etmal: 19,4 Seemeilen
Durchschnittliche Geschwindigkeit: 4,7 Knoten
Schöne Duschen: 4

DELIUS KLASING

Merle Ibach

OSTSEE PRINZESSIN

MEIN GANZ UNMÖGLICHER TÖRN

DELIUS KLASING VERLAG

Für Papa

Bibliografische Information der Deutschen Nationalbibliothek
Die Deutsche Nationalbibliothek verzeichnet diese Publikation in der Deutschen Nationalbibliografie; detaillierte bibliografische Daten sind im Internet über http://dnb.d-nb.de abrufbar.

1. Auflage
ISBN 978-3-7688-3400-1

Lektorat: Birgit Radebold
Fotos, Karte und Illustrationen: Merle Ibach
Einbandgestaltung: Buchholz.Graphiker, Hamburg
Druck: CPI – Clausen & Bosse, Leck
Printed in Germany 2012

Delius Klasing Verlag, Siekerwall 21, D - 33602 Bielefeld
Tel.: 0521/559-0, Fax: 0521/559-115
E-Mail: info@delius-klasing.de
www.delius-klasing.de

Navigare necesse est

Seefahren ist notwendig. Wieder so ein schlauer Spruch aus meinem Lateinbuch. Immer wieder gibt es Ereignisse, die Erinnerungen an diese markanten Sprüche wecken. Oft genug sind im Leben die Würfel gefallen. Und ohne ein *cui bono – wem es nutzt*, könnte man die ganzen Ereignisse der Finanzwirtschaft nur schwer begreifen.

Ein Spruch, mit dem ich eigentlich nie etwas anfangen konnte, war dieser: *Navigare necesse est*. Meine Fantasie hatte nie so weit gereicht, als dass ich darin allen Ernstes eine Weisheit mit ganz viel Tradition, Tiefgang und Bedeutung hätte erkennen können.

Das änderte sich aber ganz und gar mit meiner Tochter Merle. Plötzlich fing sie an, sich zu überlegen, dass sie ein Boot bräuchte, und ich wurde Zeuge von Plänen, in denen von monatelangen Seefahrten die Rede war. Und das alles, ohne dass ich erkennen konnte, dass sie hierzu die Fertigkeiten besessen hätte – geschweige denn, dass eine Finanzierung realisierbar war.

Aber der Drang zur Seefahrt gebar die Lösungen. Sie nahm mehrere Jobs an, arbeitete von morgens bis abends, organisierte Seekarten und lernte Navigation, Funken, die Bedeutung von Tonnen, Signalen und Wetter. Da war das Telefon, das ständig klingelte, weil Freunde und Vereinskameraden ihr Ratschläge gaben. Da war das Internet, in dem sie sich längst ein Netzwerk von Helfern aufgebaut hatte, die von der Kraft ihres Vorhabens mitgezogen wurden und ihr mit Ausrüstungsgegenständen und Bootsbaumaterialien aushalfen. Das wohl Verrückteste kam, als eines Morgens der Paketdienst klingelte und mir ein altes russisches Rettungsschlauchboot für Merle übergab.

Dann kam der Zeitpunkt des Abschieds. Merle ging an Bord und verließ Berlin, das Land und uns. Sie verlagerte ihren Lebensmittelpunkt auf das Wasser, auf ihre acht Meter lange LilleMy. Die gewohnten Orientierungen an Land, die Städte, Straßen und täglichen Wege verloren an Bedeutung, und Wellen, Wind und Wetter bestimmten den neuen Weg.

Seefahren ist notwendig. Ja, mittlerweile ist es mir klar geworden. Und wenn Merle inmitten einer Gruppe alter Seebären sitzt und über Ankerketten diskutiert, kann ich nur danebenstehen, nicken und an mein altes Lateinbuch denken.

Gerold Ibach

Danksagung

Ich möchte gerne den Menschen danken, die mich in den verschiedensten Phasen unterstützt haben – von der Vorbereitung über die Reise selbst bis hin zur Umsetzung dieses Buchs. Damit ich niemanden vergessen kann, werde ich einfach keine Namen nennen, so kann sich jeder einer der erwähnten Gruppen selbst zuordnen.

Zunächst gilt mein Dank natürlich meiner Familie, die nie wirklich wusste, was ich gerade tat, mich darin aber immer unterstützte und motivierte – sogar, als ich selbst nicht mehr an mich glaubte. Ebenso meinen Freunden, die all das noch weniger verstanden und dennoch wie selbstverständlich mit anpackten, wo sie nur konnten. Außerdem meinem Verein, ganz besonders U.F., sowie den Jungs und Mädels vom Segeln-Forum, von SVB, Secumar, Henry Lloyd und Haase, ohne die ich nicht einmal bis Klintholm gefunden hätte.

Danken möchte ich auch meiner Lektorin, die mich dazu gebracht hat, diese Geschichte aufzuschreiben, und dem ganzen Verlag für die beeindruckende Geduld, die sie alle mit mir hatten. Außerdem den Erfindern der »Copy + Paste«-Funktion und meiner WG für das Gnu.

Tak, Tack, Kiitos, спасибо, Aitäh, Paldies, Ačiū, Dziękuję – Danke!

Merle Ibach, März 2012

1.

»So werde ich weiter segeln
Raus ins Bermudablau«

(Spinerette – Baptized by fire)

Ich hätte heulen können – nein, ich tat es. Nur waren die Tränen, die mir über das Gesicht liefen, nicht zu unterscheiden von dem Regen, der in endlosen Strömen auf mich niederprasselte. Ich war durchgeweicht bis auf die Unterhose. Es war nass, es war kalt, es war grau – es war einfach zum Heulen. Und trotzdem konnte ich mich nicht bewegen. Ich schaute an mir hinunter. Mit den Stiefeln stand ich in einer Pfütze, aber das machte auch nichts mehr aus. Um meine Füße schwammen Reste von toten Fischen. Ich ekelte mich davor, aber noch mehr ekelte ich mich davor, weiterzugehen, denn dann würde ich an dem Schwan vorbeimüssen. Seit drei Tagen schon hielt uns ein nicht enden wollender Sturm in diesem Hafen fest, und seit drei Tagen schon trieb ein Schwan mit zerzaustem Gefieder und dem Kopf unter Wasser um unser Boot. Manchmal klopfte er an unseren Rumpf, um uns zu erinnern, dass wir hier nicht willkommen waren. Deshalb stand ich jetzt hier – zitternd, inmitten einer riesigen Pfütze, um mich herum der graue Beton des Hafens, Fischgestank, das Scheppern vom Metall der Fischkutter, die vom Schwell immer wieder gegen den Kai gestoßen wurden, das Zerren der Taue und Festmacher und das Krachen von GFK auf Autoreifen – mein Boot. Warum war ich hier? Was wollte ich hier? Was wollte ich mir damit beweisen? – Ich wusste es nicht mehr, mein Kopf war einfach nur leer, komplett leer. Und das Schlimmste war: Ich hatte mir all das selbst ausgesucht.

Es war Anfang Mai. Vor gut einer Woche waren mein Freund und ich aus Berlin losgefahren, über die Oder nach Stettin und von dort weiter, südlich an Rügen vorbei, vorbei auch am Darß und rüber nach Klintholm, wo wir jetzt schon seit ein paar Tagen eingeweht lagen. Weit waren wir noch nicht gekommen, aber ich hatte jetzt schon keine Lust mehr. Mein großes Ziel war es gewesen, loszufahren, die Pflicht sozusagen, und die hatte ich geschafft; der Rest sollte eigentlich nur noch Kür sein. Aber sah so eine Kür aus? Ich hatte so viel über das Reisen gelesen, so oft bei den Geschichten von den alten Seebären aus meinem

Verein zugehört, und alles hatte sich immer so aufregend und schön angehört. Aber das hier war alles andere als aufregend oder schön, das war einfach nur ätzend. Sowieso kotzte mich gerade alles an. Wir lagen im Fischereihafen, der nicht nur vor Gestank kaum zu ertragen war, sondern auch noch absolut ungeschützt den ganzen Schwell ungebremst auf mein Boot zurollen ließ, das wie ein kleiner Korken hin und her gerissen wurde. Dabei war direkt nebenan der schönste, neu gemachteste und geschützteste Hafen, den man sich nur wünschen konnte. Aber genauso teuer wie er aussah, war er auch. Man hatte mir zwar gesagt, dass die Häfen in Dänemark teuer sein sollten – aber so teuer? Vielleicht war es auch einfach normal, aber ich fand die Relation nicht gerechtfertigt. Pro Nacht sollten 25 Euro bezahlt werden, und die hatte ich nicht. Für andere wäre das sicher kein Thema gewesen. Die Schiffe, die dort teilweise lagen, sahen aus, als würden sich die Besitzer mit der Summe den Hintern abputzen, aber bei mir gab es leider noch normales Toilettenpapier, wie auf jedem anderen Schiff von Normalsterblichen auch. Eigentlich war ich eher stolz darauf, dass ich überhaupt eine Toilette an Bord hatte. Mein Schiff hatte knappe acht Meter und dafür erstaunlich viel Platz. Die meisten hatten mich von außen belächelt und waren dann doch verwundert, was da drinnen alles so Platz fand – »ein richtiges Raumwunder« – ja, das war es. Und dieses Raumwunder war jetzt komplett nass, von außen und von innen.

Ich stand noch eine Weile in der Pfütze und wartete, dass etwas passierte. Irgendeine Eingebung oder ein plötzlicher Wetterwechsel, aber es kam nichts. Also ging ich zurück zum Boot, ganz langsam. Dabei versuchte ich, jeden Blick zum Wasser zu vermeiden und den toten Schwan einfach zu ignorieren. Ich hatte Angst, dass, wenn ich ihn anschaute, er plötzlich doch seinen Kopf aus dem Wasser heben würde, mit dem Flügel gegen seine Schläfe tippen, abschätzig grinsen und mir sagen würde, wie bescheuert ich wäre und dass das alles doch eh nichts würde. Dann würde er sich umdrehen und mit mitleidvollem Kopfschütteln um die nächste Ecke verschwinden. Nun gut – dann wäre er wenigstens weg. Ich blickte aufs Wasser – nichts passierte. Ach doch, eines: In der Zwischenzeit hatte sich ein zweiter Schwan mit hängendem Kopf dazugesellt, der noch um einiges zerrupfter aussah. Angewidert kletterte ich über die Autoreifen die Hafenmauer hinunter und stieg auf mein Boot. An der Seite hatte es schon ganz schön Farbe verloren. An sich war es dunkelblau, aber die Fender hatten es auf der rechten Seite bereits durch ohrenbetäubendes Dauerquietschen hellblau gescheuert, da half auch kein Spülmittel oder andere Schmierseife.

Als ich das Steckschott aufmachte, blickte mich von unten ein unglücklicher Joschka an. Für meinen Freund war es das erste Mal auf so einem Boot. Nicht dass ich wesentlich mehr Erfahrung gehabt hätte, aber im Gegensatz zu ihm konnte ich segeln und wusste einigermaßen, was mich erwarten würde. Immerhin war ich bereits ein paar Tage auf einem Törn mitgefahren. Er aber war überzeugter Nichtsegler und konnte mit der ganzen Segelei auch wirklich gar nichts anfangen. Der einzige Grund, warum er sich darauf eingelassen hatte, war mir zuliebe und vielleicht auch, weil er Angst hatte, mich ganz alleine fahren zu lassen. Im Nebeneffekt waren so auch meine Eltern wenigstens etwas beruhigter. Er wusste genauso wenig wie ich, was alles passieren könnte, aber ein klarer Menschenverstand reichte aus, um sich die schrecklichsten Dinge vorzustellen. An eine mentale Zerreißprobe solcher Art hatten wir dabei nicht gedacht. Nun standen wir hier. Eilig machte ich hinter mir das Schott wieder zu. Zwar war eh schon alles nass, aber es reichte, dass das Wasser von unten gegen die Bodenbretter platschte, sie mussten nicht auch noch hochschwimmen. Die nassen Klamotten stapelten wir auf der Treppe am Niedergang, aber selbst das half nichts. Das Wasser verteilte sich von selbst, floss über den Boden, wurde von den Polstern aufgesogen und rann die Decke hinunter. Kleine Rinnsale hatten sich an den Wänden und über unseren Köpfen gebildet, sammelten sich und schossen in Sturzbächen auf die Bücher hinab und auf meinen Stapel Seekarten, was ich aber erst bemerkte, als es schon lange zu spät war. Joschka versuchte, mich etwas zu fragen, aber ich verstand nichts. Es war einfach zu laut. Ratlos guckten wir uns an. Wahrscheinlich hätte ich ihn sogar verstehen können, wenn ich gewollt hätte, aber ich wollte nicht. Denn die einzige Frage, die es zu stellen gab, war: Und jetzt? Und darauf wusste ich eh keine Antwort. Ich setzte mich neben ihn. In Zukunft würde ich ihn wohl nicht mehr überreden können, noch mal mit mir auf Reisen zu gehen – zumindest nicht mit einem Boot. Aber das konnte ich verstehen, ich hatte auch keine Lust mehr, egal, was die anderen sagten. Zwar konnte es nur besser werden, aber damit ich mich wohlfühlen könnte, müsste ein Wunder geschehen, und das war gerade beim besten Willen nicht vorstellbar oder gar in Sicht. Dieser Törn war ein Versuch gewesen, der Versuch war gescheitert, in Zukunft konnte ich darauf verzichten. Aber nun war ich schon einmal losgefahren, also würde ich es auch durchziehen, zumindest nicht einfach so kampflos aufgeben, dafür war es einfach zu viel Arbeit gewesen. Meine Mutter hatte mir zwar am Telefon versichert, dass sie alle schon stolz genug auf mich wären und dass ich nur Bescheid geben sollte, sie würde mich sofort abholen, aber verdammt noch mal, ich hatte mich für dieses Jahr gegen Studium, Ausbildung oder andere gute Taten entschieden und mir wirklich so den Arsch aufgerissen, das konnte doch jetzt nicht alles sein! Das Einzige, was diesen Tag noch retten konnte, war ein leckeres, warmes Essen. Durch den neuen Mut, den ich mir gerade selbst zugeredet hatte, merkte ich auch, dass ich inzwischen einen ganz schönen Hunger hatte. Es sollte ein Restefestmahl werden. Also schälten wir Kartoffeln, schnippelten Salat und kochten Brokkolicremesoße. Wir konnten es kaum abwarten. Der Tisch war gedeckt, zur Feier des Tages sogar mit einer Kerze. Ich kuschelte mich in meine gelbe Fleecedecke, die ich inzwischen zum Bordpflichtequipment Nummer eins erkoren hatte, Joschka stellte die Töpfe auf den Tisch, wir bewunderten kurz unser Essen, schaufelten uns die Teller voll und fingen nach fast zwei Stunden Vorbereitung endlich an – es schmeckte widerlich. Die Kartoffeln waren nicht nur schrecklich zerkocht, sondern auch noch komplett versalzen. Die Brokkolicremesoße aus der Tüte war viel zu wässrig und der Salat hatte seine besten Tage auch schon lange hinter sich. Joschka meinte, dass es das Ekligste war, was er je gekocht hatte. Und ja, er hatte recht: Es war wirklich ungenießbar. Trotz meines Hungers bekam ich nur ein paar Bissen runter. Wir kramten eine noch halb trockene Packung Kekse hervor und ließen uns auf die Polster fallen. Das war eins zu viel gewesen. Ich war nicht mehr traurig oder deprimiert oder enttäuscht, ich war einfach nichts mehr. Joschka schien es ähnlich zu sehen. Er versuchte, mich zu umarmen, und bestimmt hätte er mir gerne irgendwelche aufmunternden Worte gesagt wie »alles geht vorbei, es kann nur besser werden«, oder »gemeinsam schaffen wir das«, aber er wusste genauso wie ich, dass das nicht so war. Ich echt Mist gebaut hatte. Er hatte mir versprochen, bis Kopenhagen bei mir zu bleiben, bis ich einigermaßen Überblick über das Boot bekommen hatte. Ich hatte die Verantwortung für all das hier. So lagen wir noch eine Zeit lang resigniert da, schauten immer wieder auf die Uhr, stellten aber nur fest, dass die Zeit nicht vergehen wollte. Aber auf was warteten wir denn überhaupt? Morgen sollte es immer noch nicht besser werden, und noch so einen Tag? Wir würden durchdrehen, wir mussten hier einfach raus. Morgen würden wir den Bus nehmen und in die nächste Stadt fahren. Wir würden unser nicht vorhandenes Geld nehmen und uns einen richtig schönen Tag in der Stadt machen. Dort würde es auch bestimmt ein Internetcafé geben, Läden, vielleicht auch ein Museum oder eine Bücherei, ich hatte sogar von einer Bonbonfabrik gehört. Mit dem Glauben ans Gute und dem Gedanken an riesige bunte Bonbons gingen wir schlafen, zumindest ins Bett. Bis ich schlafen konnte, würde es noch einige Stunden dauern. Das Schlagen meines Boots gegen die Pier, das Quietschen der Fender und das Krachen des GFKs machten mir wirklich Sorgen.

2.

»Ich töte mein Essen mit Karate
Tret' ihm ins Gesicht, probiere den Körper«

(Joanna Newson – The Book of Right-on)

Tatsächlich war in der Stadt nicht viel los gewesen. Ich hatte weder ein Internetcafé gefunden noch war die Bibliothek geöffnet, aber irgendwie hatte ich trotzdem eine Möglichkeit gefunden, ins Internet zu kommen, so konnte ich mich kurz zu Hause melden, meinen Blog aktualisieren und mir den neuesten Wetterbericht holen – und er sah gut aus. Morgen würden wir endlich weiterkommen, aber eine Nacht stand uns noch bevor.

Zurück am Boot, das weiter traurig vor sich hin quietschte, entschieden wir, wieder in den Bezahlhafen zu wechseln. Auch wenn es wehtat und so das Geld niemals auch nur bis Schweden reichen würde. Der Hafenmeister guckte uns belustigt an – wir mussten aber auch schrecklich aussehen. Ich ließ Joschka reden und versuchte mich unauffällig hinter ihm zu verstecken. Das Praktische als Mädchen in einer männerdominierten Tradition ist, dass man sich im passenden Augenblick immer noch auf die Klischees berufen kann, und da ist der Mann eben der Kapitän. Der Hafenmeister hatte uns die letzten Tage beobachtet und war nicht wirklich begeistert gewesen. Wir hatten uns ganz offensichtlich um das Hafengeld zu drücken versucht. Ja, das hatten wir, allerdings zu einem viel höheren Preis. Langsam schlich ich mich zurück zum Boot, Joschka blieb noch. Als er zehn Minuten später wiederkam, grinste er wie ein Honigkuchenpferd. Er hatte versucht, mit dem Hafenmeister zu handeln, der aber war hart geblieben. Als er dann bezahlen wollte, lehnte der Hafenmeister einfach ab und meinte:

»Spart euch das Geld. Lade deine Freundin lieber zum Essen ein. Ihr seht aus, als könntet ihr es gebrauchen.«

Wie recht er hatte, und wie unrecht ich ihm getan hatte. Ich schämte mich mit einem Mal dafür.

Wir gingen nicht essen. Stattdessen machten wir etwas viel Tolleres. Ich holte die Karten raus, und wir fingen an, den nächsten Tag zu planen. Wir markierten sogar schon sämtliche Wegpunkte, so viel Spaß hatte ich noch nie beim Karten angucken gehabt. Um ehrlich zu sein, hatte ich es bisher auch noch nie wirklich getan. Ich hatte mir alle Karten für die gesamte Ostsee zusammengeliehen, nur Russland fehlte, da wollte anscheinend niemand hin. Aber nichts lag für mich in diesem Moment ferner als Russland. Einmal hatte ich im Wohnzimmer zu Hause alle Karten ausgebreitet, konnte aber nicht wirklich etwas damit anfangen und hoffte einfach, dass ich das schon lernen würde. Und nun erklärten sie sich in der Tat mehr oder weniger von selbst.

Erst einmal kam aber der nächste Tag. Wir hatten beschlossen, weiterzufahren – ich hatte es beschlossen. Außerdem hatte sich inzwischen Justus gemeldet, ein Junge aus der Schule, der nach Kopenhagen kommen wollte, um von da aus mitzufahren. Also hatte ich die Verpflichtung, dort auch anzukommen.

Das Ablegen am nächsten Morgen fiel mir trotzdem schwerer als gewollt. Beim letzten Schlag von Deutschland nach Dänemark war mir nicht sehr wohl gewesen. Es war das erste Mal, dass ich mit diesem Boot richtig gesegelt war, und ich hatte das Gefühl, dass es eher mich beherrschte als ich das Boot – und das war definitiv verkehrt. Ich wusste noch überhaupt nicht, wie es reagierte, was richtig und was falsch war und wie sich überhaupt alles anfühlte. Das letzte Mal waren wir mitten im Verkehrstrennungsgebiet gewesen, und ich war ganz klein geworden, als ich merkte, wie wenig Kontrolle ich eigentlich hatte. Der Wind hatte gerade mächtig zugenommen und kam plötzlich von vorne, dazu hielten von links und rechts Containerschiffe auf uns zu – ein schrecklich unangenehmes Gefühl. Aber all das würde diesmal nicht passieren können. Und so verließen wir den Hafen. Das Klappern und Schlagen, das Pfeifen und das Gurgeln verfolgten uns noch bis zur Hafenausfahrt.

Der Wind kam von hinten, zumindest bis zu den Klippen von Mön. Ein Bekannter aus meinem Verein hatte mich gewarnt, dass sich der Wind dort ganz schön stauen konnte. Ich selbst hatte zu wenig Erfahrung, um einschätzen zu können, was das wirklich bedeutete. Er war so etwas wie mein Bodenpersonal und meine persönliche Wetterstation in einem. Ich konnte ihn immer fragen, und er wusste immer Bescheid. Aber hätte ich jede seiner Horrorgeschichten zu ernst genommen, wäre ich wohl nicht einmal bis zur ersten Schleuse gekommen. So hieß es für mich wie immer: Augen auf im Straßenverkehr. Wir motorten uns noch einige Meter vom Hafen frei, dann zogen wir in den Wind gedreht die Segel hoch. Sie flatterten lustig. Ein paar verirrte Wellen schlugen gegen das Boot. Einen kleinen Moment zögerte ich noch. War es richtig, was wir machten? Hatte ich irgendetwas vergessen zu bedenken? Was, wenn wir bei den Klippen richtig was auf die Mütze kriegten? Ich hatte keine Lust mehr auf Zweifel, und als Antwort gegen die Stimmen in meinem Kopf stoppte ich die Maschine – Stille. Es war ein so befreiendes Gefühl. Das Einzige, was ich jetzt noch hörte, war das Plätschern des Wassers. Kein Krachen, kein Pfeifen, kein Poltern, kein Quietschen. Mit einem Mal legte sich all die Anspannung der letzten Tage. Keiner von uns konnte etwas sagen. Ich schaute zu Joschka, er blickte gedankenverloren irgendwohin und lächelte. Je näher wir dem Kap kamen, desto heller wurde das Wasser. Es war richtig türkis. Die Sonne kam heraus, und die Klippen von Mön erstrahlten in einem wunderschönen Weiß. Es sah aus wie in der Südsee. Nicht dass ich schon einmal da gewesen wäre, aber so musste es dort sein. Nur dass die Palmen fehlten. Joschka nahm meine Hand. Das erste Mal seit Tagen fühlte es sich echt an, jetzt war wirklich alles vergessen. Und der Wind? Der ließ uns ausnahmsweise einmal in Ruhe, und so drehten wir das Reff wieder raus, das wir vorsichtshalber ins Segel gebunden hatten.

Ein paar Tage später liefen wir in Dragör ein, südöstlich von Kopenhagen. Inzwischen hatten wir eine richtige Bordroutine entwickelt. Ich steuerte, und mein Leichtmatrose navigierte, das hatte er nämlich in den zwei Wochen wunderbar gelernt. Am Anfang hatte es noch manchmal Aussetzer gegeben, aber wir waren lediglich zweimal auf Grund gelaufen. Ich hatte zwar beide Male das Gefühl gehabt, wir würden gleich einen Vorwärtssalto samt Boot machen und war mir auch nicht sicher, inwiefern das gut war für den Kiel, aber bis jetzt schwammen wir noch.

Das Anlegemanöver in Dragör lief gerade zu perfekt, nur hatte ich den am weitesten entfernten Platz von den Toiletten ausgesucht. Was letztlich nicht so schlimm war, weil wir das Bezahlsystem einfach nicht verstanden und damit eh nicht hineinkamen. Dann gab es eben kein Bad für uns, stattdessen aber Eis. Und wenn die Dänen Eis essen, essen die nicht einfach Eis. Es ist eher so etwas wie eine aufwendig zelebrierte Schlaraffenlandparty. Erst einmal gab es die seltsamsten Sorten: von Kaugummi über Kinderschokolade bis Lakritz, und dann schien es auch normal zu sein, über seiner Kugel Eis noch eine Portion Softeis zu haben, darüber eine Portion Sahne, obendrauf einen Schokokuss und nach Belieben noch Streusel, versteht sich – bunt, Schokolade, Kokos oder Krokant. Wir entschieden uns für die Anfängervariante nur mit Eis und Schokokuss. Ich war jetzt schon froh, keine Waage an Bord zu besitzen. Unsere Hauptbeschäftigung bestand nämlich darin, zu essen. Und wenn ich gerade nicht aß, überlegte ich mir, was ich als Nächstes essen würde. Eine Freundin hatte uns mit einem Jahresvorrat an Süßigkeiten ausgestattet. Nicht dass der schon leer gewesen wäre, aber drei, vier Kitkats, ein paar Kekse und Knoppers gehörten schon zum Tagesbedarf. Es macht ja auch Spaß, und außerdem ist Urlaub, Dauerzustand durfte das trotzdem nicht bleiben.

Am nächsten Morgen nahmen wir ganz früh den Bus nach Kopenhagen. Ich fühlte mich total auf Großstadtentzug. Dort angekommen, war das euphorische Gefühl jedoch schnell verflogen. Es war zwar unglaublich angenehm, all die Menschen und den Straßenlärm mal wieder um sich zu haben, und auch der Gestank hatte etwas für sich, doch jetzt standen wir da, mitten in einer fremden Stadt, und überlegten ein wenig ratlos, wo es hingehen sollte. Ich hatte mich so auf Kopenhagen gefreut, dass ich komplett vergessen hatte, mir Gedanken zu machen, was ich hier überhaupt wollte. Eigentlich wollte ich ja nur ankommen, und das hatten wir geschafft. Aber was stellt man dann an in einer fremden Stadt? Was macht man da? Schaut man sich alte Gebäude an, oder geht in ein Museum? Oder geht man einkaufen? Aber Shoppen, ohne die Aussicht etwas kaufen zu können, ist irgendwie witzlos – also doch kulturell bilden? Durch die Stadt schlendernd, kamen wir auf einen Platz. Er war voller Musik, und an jeder Ecke führten Menschen irgendwelche Sachen auf. Bis hierher war es vor allem anstrengend gewesen, weil alles so voll und wuselig war und tausend Sprachen aufeinandertrafen, was der Entspannung eines startenden Flugzeugs gleichkam. Wir entschieden uns, auf dem Platz zu bleiben, uns einfach hinzusetzen, und verbrachten schließlich den halben Tag damit, einer Gruppe Jugendlicher zuzusehen, die mit Besen, Stampfen und Klatschen Musik machte. Irgendwann fiel Joschka ein, dass er mal gehört hatte, dass es hier ein autonomes Viertel geben sollte. Ich konnte mir darunter nichts vorstellen. Wie konnte sich bitte ein ganzes Viertel mitten in einer Stadt plötzlich überlegen, sich selbst zu verwalten? Als wir dort waren, klärte sich die Frage von allein. Indem man einfach Tausende Eimer Farbe nahm, sie überall verteilte, seine eigenen Regeln aufstellte, wie das Verbot von Lederjacken, überall Barrikaden errichtete, keine Autos mehr hineinließ und dann erlaubte, öffentlich Marihuana zu verkaufen. Dann dachte man sich noch seine eigene Währung aus und lebte von Luft und Liebe. Vielleicht hört sich das ein wenig sarkastisch an, aber dort inmitten der Buntheit fühlte ich mich wirklich wohl. Es war zwar alles ein wenig heruntergekommen, aber hier waren die Menschen völlig entspannt und lächelten die ganze Zeit. Gut, vielleicht lag es auch an den Drogen. Ich war mir aber sicher, hier irgendwann in meinem Leben noch mal herzukommen, und dann vielleicht auch nicht nur als gaffender Tourist. Es war der letzte Tag für Joschka. Morgen würde er fahren, und im fliegenden Wechsel würde Justus kommen. Zum Glück, denn alleine fahren traute ich mir noch überhaupt nicht zu. Es hatte Spaß gemacht mit Joschka, aber ich hatte gemerkt, dass Segeln nicht seine Welt war. Wenn er jetzt fuhr, würden wir uns fast vier Monate nicht sehen. Das war eine Größenordnung, unter der ich mir einfach gar nichts vorstellen konnte. Als ich ihn am nächsten Tag während des Sprints zum Bahnhof nur flüchtig verabschiedete, wusste ich noch nicht, was das für mich bedeutete. Klar, es würde hart werden, aber war das jetzt das Ende? Wir waren seit über vier Jahren zusammen, da durften doch vier Monate kein Problem sein. Für mehr Gedanken hatte ich in diesem Moment jedoch keine Zeit, denn Justus stand schon neben mir. Er war aus meiner Schule im Jahrgang unter mir. Ich hatte ihn kennengelernt, weil er für unsere lokale Zeitung etwas über mich geschrieben hatte. Und weil wir uns so gut verstanden hatten und ich sowieso auf Dauersuche nach Crew war, verabredeten wir uns gleich. Ich hatte allerdings nicht erwartet, dass er es ernst meinte. Es gab nämlich einige, die zunächst begeistert zugesagt hatten, nun aber mit einem Mal etwas Wichtigeres zu tun hatten. Wenigstens hatte ich meine Mutter erst einmal beruhigen können, dass immer jemand dabei sein würde – auch wenn die Realität anders aussah. Das mit dem Verabreden war eh immer schwierig. Ich konnte weder einschätzen, wie lange ich irgendwohin brauchte, noch ob ich je dort ankommen würde. In meinem Kopf hieß es einfach immer: weiter! Und wenn es nicht mehr weiterginge, würde ich eben nach Hause fahren müssen. Jetzt aber war Justus hier und würde zwei Wochen bleiben.

Im Gegensatz zu Joschka war Justus immerhin schon einmal auf einem Segelboot gewesen. Zwar nur auf einer Jolle, aber er wusste, was ein Segel ist. Joschka hatte sich ums Verrecken geweigert, an die Pinne zu gehen, da musste schon etwas sehr Schlimmes oder Dringendes passieren, wie die Entlastung meiner Blase, die kurz vorm Platzen stand. Da ließ er sich lieber versklaven und kümmerte sich um alles andere. Mir sollte es recht sein, nur kam ich mir dabei so untätig vor. Mit Justus würde die Rollenverteilung ein wenig homogener werden. Ich erklärte ihm kurz das Boot, ein paar Macken und Eigenheiten, und dann legten wir ab. Ich zögerte einen kleinen Moment und ging alles noch einmal durch. Irgendwie hatte ich das Gefühl, etwas vergessen zu haben.

Ich wusste es, mir fiel nur nicht mehr ein, was es war. Wir hatten den Wetterbericht gecheckt, genug Diesel im Tank, Wasser und Essen, die Route geplant, den Hafen bezahlt und die schwedische Gastlandflagge bereit – aber irgendetwas war da, und das verunsicherte mich.

Der Wind tendierte gegen null, sodass wir beschlossen, nur in einem kurzen Schlag rüber nach Limhamm zu fahren, einen Vorort von Malmö. Es war schon ziemlich diesig, trotzdem brannte die Sonne auf uns herab. Wir dümpelten unter Segeln ein wenig dahin. Hinter uns lag Dänemark und gar nicht weit entfernt voraus Schweden – eine lustige Vorstellung. Von einem Ufer zum anderen erstreckt sich eine riesige Brücke, die auf der einen Seite im Meer verschwand. Der Himmel zog sich immer weiter zu, und wir liefen nicht mal mehr einen halben Knoten. Ich hatte keine Lust, auf dem Wasser zu übernachten – also startete ich den Motor.

3.

»Reizvolle Frau Frittiert
Er wird dich auch vermissen
Nur möchte er frei sein«

(No Doubt – Sad for me)

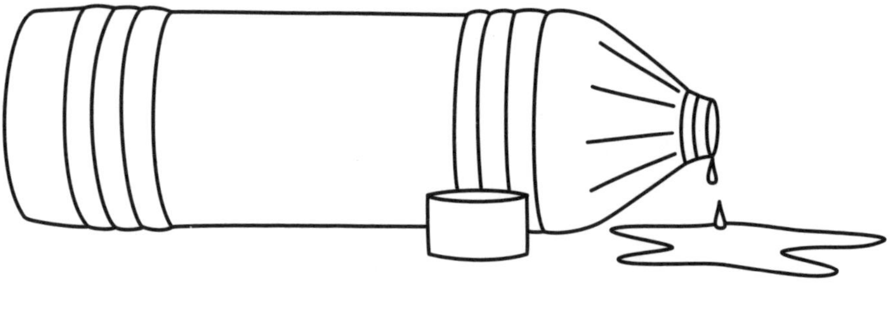

Der Boden unter uns schimmerte leicht grünlich, und man konnte jeden einzelnen Spalt in den Steinplatten erkennen – das sah ganz schön flach aus. Ich sprang sofort wieder zum Motor und riss den Hebel in den Rückwärtsgang. Hatten wir uns etwa verfahren? Oder fuhren wir geradewegs auf eine Untiefe zu? Ich kontrollierte noch einmal die Anzeige des GPS und dann die Karte, aber Justus musste recht haben. Zaghaft schaltete ich den Gang wieder ein, setzte mich und vermied es mit aller Kraft, ins Wasser zu gucken – aus den Augen, aus dem Sinn. Eine ganze Weile lauschte ich noch auf das kleinste Geräusch, aber nichts passierte. Was war ich nur für ein schreckhaftes Hühnchen. Langsam näherten wir uns der Brücke und ich wartete immer noch auf ein Kratzen. Hier standen unglaublich viele Tonnen rum. Justus war noch am Herumexperimentieren mit Zirkel und Geodreieck, weshalb ich mich einfach an die grünen und roten Markierungen hielt. Grün und Rot, hatte ich gelernt, waren immer gut. Kurze Zeit später streckte er den Kopf aus dem Niedergang: Was sind das für seltsame gezackte Linien auf der Karte? Genauso ratlos, wie er gefragt hatte, schaute ich zurück. Irgendwo hatte ich so etwas schon einmal gesehen, wahrscheinlich beim Seescheinkurs, nur konnte ich mich nicht mehr erinnern, was sie bedeuteten. Die Linien schienen die Tonnen zu verbinden, auf die ich gerade zu fuhr. Waren das vielleicht so etwas wie Fischernetze oder Leinen, so eine Art Absperrung, damit man das Fahrwasser nicht querte? Was war, wenn da etwas knapp unter der Wasseroberfläche gespannt war? Konnte man da einfach hängen bleiben? Wieder einmal verlangsamte ich die Fahrt. Wahrscheinlich reagierte ich gerade komplett über, aber die Unsicherheit war schrecklich. Unwissenheit und Angst sind unglaublich gut, um schlechte Gedanken zu nähren, und es ist erstaunlich, wie man beiden aus lauter Zweifel mehr glaubt, als der Vernunft.

Wir kamen immer näher. Auch wenn es hier sonst manchmal ganz schön voll sein konnte: Jetzt war kein einziges anderes Boot in der Nähe, das wir hätten fragen können. In Schrittgeschwindigkeit schlichen wir über die gezackte Linie. Mein Herz klopfte, und es passierte – nichts. Lediglich der Kompass drehte sich plötzlich wie wild. Damit war die Frage nach der Schnittmusterlinie auf der Seekarte auch geklärt: Da unten – und ich hoffte, ganz tief unten – lagen Hochspannungskabel. Strom und Wasser hinterließen in mir trotzdem kein gutes Gefühl, und so machte mein Herz nochmals einen kleinen Hüpfer, als wir auf der anderen Seite erneut eine Linie passierten.

Malmö war ähnlich enttäuschend wie Kopenhagen. Wobei die Städte dafür nichts konnten, nur mein Unvermögen im Planen von Reisen. Eigentlich hatte ich mich allein bei dem Gedanken, dort hinzufahren, schon scheckig gefreut, aber jetzt, wo ich da war, wusste ich nicht mehr, warum ich überhaupt herwollte. Einige Bands hatten dieser Stadt ein Lied gewidmet, eine sogar ein ganzes Album. Außerdem klang der Name einfach schön – so hatte sich für mich mit der Zeit eine gewisse Mystik um diesen Ort aufgebaut, die jetzt verpuffte. – Was hatte ich bloß erwartet? Einen kleinen rosa Elefanten, der mich an die Hand nahm und sagte: »Komm mal mit, ich zeige dir, wie toll es hier ist«? Wir blieben nicht lange, gerade lang genug für den nächsten Einkauf. Schon am nächsten Morgen schlängelten wir uns wieder durch die enge Einfahrt und um eine Handvoll Untiefentonnen und fuhren wieder in Richtung Brücke. Das Wetter war unwesentlich besser als am Vortag, aber es reichte zum Sich-vorwärts-Bewegen. Immerhin, denn das schonte Umwelt, Bordkasse und unsere Arme. Die Tankstellen lagen selten direkt am Wasser, und wenn, dann war der Diesel meist so teuer, dass ich nicht bereit war, die Differenz zu einer normalen Tanke zu zahlen und in der Folge mit dem Kanister loslief. Aber 25 Liter Diesel gehen dann doch schnell auf die Arme. Wie gut, dass ich bisher immer einen starken Kerl dabeigehabt hatte, der bereit war, die Ehre der Männer zu verteidigen.

Die Tage vergingen entspannt und wie von selbst. Endlich hatte sich alles beruhigt – es hätte Urlaub sein können. Nur mit mir selbst kam ich noch nicht ganz klar. Mein Kopf arbeitete immer noch wie das Schwungrad eines Dieselmotors, das man einfach nicht zum Stehen bekam. Endlich gab es mal nichts mehr zu denken, und ich konnte einfach nur noch sein, also genau das, worauf ich den ganzen Winter hingearbeitet hatte. Doch jetzt schaffte ich die einfachste Disziplin nicht – mich zu entspannen. So viele Ratschläge, die ich bekommen hatte, so viele Bücher, die ich gelesen hatte, so viele Gedanken, die ich mir gemacht hatte, aber über das Durchatmen hatte ich nirgendwo etwas gefunden. Inzwischen war mir auch eingefallen, was ich in Kopenhagen vergessen hatte. Ich holte mein Handy aus der Tasche und schrieb eine SMS: »ich kann nicht mehr. ich hab keine lust mehr auf den scheiß hier. ich schaff das nicht ohne dich.« Denn genau das war es. Schrecklich, dass ein Mensch immer erst zu spät sieht, was er hatte, und jedes Mal neu gegen die Glasscheibe rennt, wie eine Eintagsfliege auf dem Weg nach draußen. Ich hatte wirklich keine Lust mehr auf all das, was ich hier machte. An sich hatte ich es jetzt geschafft. Ich war weiter gekommen, als ich oder sonst wer gedacht hatte. Ich hatte meine erste große Krise überwunden, womit ein Beenden der Reise nicht mehr als Aufgeben gelten würde. Am Ende war ich trotzdem, und zwar mit meinen Nerven. Aber das war es doch, was ich wollte, an meine Grenzen kommen. Einige Stunden später meldete sich dann mein Handy. Ich hatte eine Nachricht bekommen. Ich hoffte, dass es eine Antwort auf die von mir gesendete war. War es auch, allerdings nicht von der Person, von der ich sie erwartet hatte. Sie kam von meiner Mama. Ich war an der Universität der Künste in Berlin zur Zulassungsprüfung eingeladen worden. Ich hatte als Bewerbung ein Essay schreiben müssen und das erst einen Tag vor der Abgabe im März mitbekommen, weshalb ich mir keinerlei Chancen erhofft hatte. Umso aufgeregter war ich jetzt. Das würde auch bedeuten, dass ich für ein paar Tage nach Berlin zurückfliegen würde, wodurch alle zeitlichen Abstände reellere Ausmaße annahmen. Einen Monat hielt ich mit

Sicherheit noch durch, und bis dahin würde ich neu überlegen können. Plötzlich hatte ich ein neues Ziel: Anfang Juli musste ich in Stockholm sein. Es hatte etwas Beruhigendes. Ich schloss meine Augen und atmete tief ein. Die Luft war leicht feucht und ein wenig salzig, dazu kam etwas angenehm Muffiges von meinen Klamotten und den Zwiebeln vom Herd unten aus der Küche.

Als wir zwei Tage später aus Gislövslage ausliefen, hatten wir schönstes Wetter, der Wind blies warm von hinten, und das Wasser war nahezu flach. Justus steuerte, und ich versuchte zu kochen. Es sollte Kartoffeln mit irgendetwas aus Gemüse geben. Ich stand in der Küche und ärgerte mich, dass ich gerade alles schaukelsicher justiert, aber vergessen hatte, den Spiritus im Kocher nachzufüllen. Dabei war er der Grund gewesen, weshalb wir seit Tagen nicht kochen konnten. Doch inzwischen hatten wir neuen gekauft. Ich baute meine eskimorollensichere Konstruktion für den Topf und die Zutaten wieder ab, füllte den Spiritus in die Kartusche, stellte den Topf auf den Herd und hielt das Feuerzeug in die Öffnung. Eine Flamme schoss mir entgegen. Für einen kurzen Moment war ich mit diesem weiß blauen Ungetüm auf Augenhöhe – Mensch, da hatten die Schweden aber ganz schön hartes Zeug. Es brannte wie Teufel, auch noch als ich die Flamme so weit wie möglich verkleinert hatte. Dazu kam ein grauenhafter Gestank. Langsam wurde ich doch skeptisch, hatte uns die Verkäuferin doch versichert, dass es der richtige Brennstoff sei. Für den Spiritus waren wir bestimmt drei Stunden bis ans andere Ende der Stadt gelaufen, bis wir endlich in einem großen Supermarkt gelandet waren. Eine Angestellte aus der Abteilung für Gartenartikel hatte uns ein paar Flaschen mit einer durchsichtigen Flüssigkeit mit der Aufschrift »Spiritus« in die Hand gedrückt. Etwas verwundert war ich nur über die Farbe. Der Spiritus, den ich bisher an Bord hatte, war farbig gewesen. In diesem Fall überließ ich die Entscheidung jedoch lieber kompetenteren Menschen. Es wäre nicht das erste Mal gewesen, dass ich mich irrte, und wie ich jetzt feststelle, auch nicht das letzte.

Ich holte die Flasche aus dem Müll und las die Inhaltsstoffe. – Ja, eine brennbare Flüssigkeit war es ohne Zweifel, und auch auf Basis von Spiritus, nur war es leider Grillanzünder und damit so überhaupt nicht für unsere Zwecke geeignet. Doch es half alles nichts, Hunger hatten wir trotzdem und letztendlich brannte es auch. Wir öffneten alle Luken, damit sich der Geruch nicht allzu stark festsetzen konnte. Der Wind war mittlerweile immer weiter eingeschlafen und es war erstaunlich ruhig geworden. Ob das nur an dem plötzlich fehlenden Lüftchen lag? Justus hatte bereits den halben Tag gesteuert, deshalb löste ich ihn ab, bis das Wasser kochen würde.

Um uns herum war rein gar nichts los. Es war kein anderes Schiff zu sehen, keine Menschen an Land unterwegs, keine Vögel in der Luft, nicht einmal Fische, die ein Geräusch hätten von sich geben können. Kein Wunder also, dass es so still war. Der Strand war in fast greifbarer Nähe, und ich fragte mich, warum ich den Kurs so viel zu nah an Land gewählt hatte. Da war nicht mehr viel Wasser unter dem Kiel, man konnte bereits die Algenfelder und sogar einige Muscheln am Grund sehen. Vor ein paar Tagen wäre ich bei diesem Anblick noch in Panik geraten. Es war einfach so ungewohnt für mich, dass Wasser so klar sein konnte. Ich hatte immer gedacht, so etwas gäbe es nur im Schwimmbad oder im Süden. Über die Ostsee hatte ich hingegen gehört, dass sie eher einem riesigen brackigen Tümpel ähneln sollte, aber das war wohl Ansichtssache.

Als ich vom Muschelträumen wieder hochblickte, sah ich dafür etwas, womit ich überhaupt nichts anfangen konnte: Nichts – einfach ein riesiges Nichts. Meine Eltern hatten mir früher »Die unendliche Geschichte« von Michael Ende vorgelesen, und da war immer von dem »Nichts« die Rede, als eine Bedrohung, die das Land nach und nach vernichtete. Ich konnte mir nie etwas darunter vorstellen. Wie sollte etwas aussehen, das nicht aussah? Jetzt wusste ich es. Die Nichts-Wand kam erschreckend schnell näher, und in der nächsten Sekunde waren wir von ihr verschlungen. Jetzt war auch das allerletzte Geräusch verstummt. Alles, was man sagte, hörte sich stumpf an. Der Nebel war so plötzlich gekommen und so dicht, dass es gerade noch möglich war, die Spitze des Boots zu erkennen. Aber am meisten faszinierte mich die Orientierungslosigkeit. Das Land war eben noch so nah gewesen, und jetzt war es plötzlich weg. Doch genauso schnell, wie mein anfängliches Interesse gekommen war, wich es nun einem unwohlen Gefühl. Stimmt, ich konnte das Land nicht mehr sehen. Wir konnten ebenso gut direkt darauf zu halten, denn es gab keinen Anhaltspunkt mehr zum Steuern. Wir nahmen die Segel runter, die hatten eh keinen Sinn mehr, und versuchten, genau dort zu bleiben, wo wir waren. Keine Ahnung, ob uns das gelang. Natürlich hatten wir ein GPS-Gerät, aber da versuchte ich gerade so schnell wie möglich einen Wegpunkt einzuspeichern, der uns sicher hier rausbringen würde. Bis zu unserem Ziel Ystad waren es noch 14 Seemeilen, aber vor etwa einer Stunde waren wir an einem kleinen Hafen namens Smygehamn vorbeigekommen, und so drehten wir um. Als wichtiger Hinweis stand im Hafenführer: »Der Hafen und die Einfahrtsrinne neigen zur Versandung und Tangablagerung. Wegen ausliegender Aalangeln sollte man bei der Ansteuerung mindestens eine Seemeile von der Küste abbleiben. Das Einlaufen bei starkem auflandigem Wind sollte nur am Tage mit großer Vorsicht geschehen.« – Beruhigend war etwas anderes, aber immerhin hatten wir mit Sicherheit keinen starken auflandigen Wind. Noch beunruhigender aber war, was ich in dem Nichts alles sehen konnte. Ich hatte auf der Karte gelesen, dass hier in der Nähe das Verkehrstrennungsgebiet sein musste, und jetzt erwartete ich jeden Augenblick, dass mit einem Mal direkt vor mir die riesige Wand eines Containerschiffs aus dem Wasser auftauchen würde. Klar war es Blödsinn, aber von dem Gegenteil überzeugen konnte mich auch niemand. Oder was war, wenn ich einen falschen Punkt ins GPS-Gerät eingespeichert hatte und wir gleich auf die Mole fahren würden oder auf das Land oder in einer Aalreuse hängen blieben oder ... Es reichte! Wo verdammt noch mal war mein Selbstbewusstsein? Würde der heutige Tag so weitergehen, würde ich den Abend wohl nicht mehr erleben. Zum Glück saß Justus neben mir, der alles etwas nüchterner sah.

Der Hafen war noch unscheinbarer, als er ohnehin schon beschrieben wurde, und wir hofften wirklich, dass der Nebel bald aufhörte. Das Unangenehmste an allem war aber der Geruch, auf den auch ein freundliches Schild im Fenster eines geschlossenen Restaurants hinwies: *Stenkt!* Ich hatte so etwas erst einmal gerochen, und das war im Chemieunterricht, als wir einen Nachweis für Brom machen sollten. Dafür brauchte man Schwefelsäure. Hoffentlich war hier keine Schwefelsäure im Wasser, sonst würde ich ab hier zu Fuß weiterlaufen müssen. Der Geruch kam aus Blasen, die überall unaufhörlich aus dem Wasser aufstiegen, wodurch das Hafenbecken wie ein kochender schwarzer Pudding aussah. Bei all der Aufregung hatte ich das Wasser auf dem Herd vergessen, der noch seinen Teil zu dem unerträglichen Gestank beitrug. Kochen wollte das Wasser aber immer noch nicht. Dafür war der Topf von unten inzwischen komplett schwarz gerußt. So würde das nichts mehr werden – wir entschieden, einen weiteren Tag auf unsere warme Mahlzeit zu verzichten. Stattdessen gab es Brot. Es sah dem deutschen erstaunlich ähnlich, nur durfte man es nicht anfassen. Es hatte die Knautschzone eines Marshmallows, war ähnlich süß und enthielt Kümmel. Wenn man es wusste, konnte man wirklich gut damit leben, und mit Käse war es fast ein kulinarischer Höhepunkt.

Irgendwann ging die Sonne unter, doch der Nebel blieb. Ziemlich unbefriedigt für den Tag gingen wir ins Bett. Bis ich schlafen konnte, würde es wohl noch eine Weile dauern.

Der nächste Tag sah genauso aus. Bei der Sicht war es unmöglich, auszulaufen, und so warteten wir, was unglaublich langweilig war. An sich hatte ich kein Problem, mich mit mir selbst zu beschäftigen, und am Boot basteln konnte man sowieso immer. Aber wenn man das Gefühl hat, in einem verfaulten Ei zu sitzen, vergeht einem jede Lust, irgendetwas zu tun. Auch schienen wir die einzigen Menschen in der Umgebung zu sein. Nach ein paar Stunden des stagnierten Rumsinnens beschlossen wir, nach Trelleborg zu fahren. Zwar war es mal wieder Sonntag und daher alle Läden geschlossen, aber langweiliger konnte es gar nicht werden. Die Luftfeuchtigkeit war mittlerweile so hoch, dass das Wasser an den Bäumen kondensierte, unter den Blättern in schweren Tropfen abregnete und sich in Pfützen sammelte.

Was für eine Gegend, was für ein Land.

4.

»wei wei wei wei wei wei wei wei weit besser
renn renn renn renn renn renn renn weg
oh oh oh oh oh oh oh oh …«

(Talking Heads – Psycho Killer)

Um aus dieser Einöde nach Trelleborg zu kommen, gab es eigentlich nur eine Möglichkeit. Alle paar Stunden fuhr von der kleinen Bushaltestelle gegenüber vom Hafen ein Bus. Und wir hatten Glück, in zwei Stunden würde einer kommen. Wir vertrieben uns die Zeit mit engagiertem Nichtstun, denn darin waren wir mittlerweile echt gut. An sich musste ich dringend anfangen, mir Gedanken über meine Zukunft zu machen. Meine Mutter hatte mir als Abschiedsgeschenk eine Zeitschrift in die Hand gedrückt, hübsch verpackt in buntes Geschenkpapier und mit Schleife drum. Sie hatte zum Thema: »Studium – eine Entscheidung fürs Leben?« Ein Wink mit dem Zaunpfahl? Wohl eher mit einem ganzen Autobahnumgehungsleitsystem! Während ich also darüber nachdachte, dass ich mal nachdenken sollte, waren die zwei Stunden auch schon um. Wir stellten uns an die Bushaltestelle, der Bus kam, wir stiegen ein und wieder aus, ohne auch nur einen Meter vorangekommen zu sein. Nicht dass wir es uns anders überlegt hätten, mit Sicherheit nicht, aber Justus hatte unsere schwedischen Kronen im Boot vergessen – dachte er zumindest. Als wir nun etwas deprimiert über einen weiteren verlorenen Tag auf dem Bordstein saßen, kramte er in seinen Taschen und fand sein Portemonnaie. In diesem Moment hätte ich ihm den Hals umdrehen können. Der nächste Bus würde viel zu spät kommen, als dass es sich noch lohnte, zu warten, und zu Fuß war es zu weit. Blieb nur eins: per Anhalter. Wir hatten es beide noch nie gemacht, aber aus Filmen kannte man das ja – einfach Daumen hoch. Und während Justus mit einem Stein in der Hand die Buchstaben T-R-E-L-L-E auf die Straße ritzte, stand ich am Straßenrand und hielt den Daumen hoch. Leider hielt niemand an. Mit der Zeit optimierten wir unsere Vorgehensweise. Ich begriff, dass es verschenkte Mühe war, wenn ich die ganze Zeit hoch motiviert strammstand und meinen Arm in einem perfekten rechten Winkel auf die Fahrbahn streckte, aber nur alle zehn Minuten ein Auto vorbeifuhr. Auch Justus passte die Buchstaben in Proportion und Typus autofahrergerecht an. Das bedeutete, die Striche wurden dreimal so dick und fünfmal so lang, als hätte einer die Buchstaben auf Stelzen gestellt. Denn so, meinte er, würden sie in dem flachen Winkel, mit dem ein ankommender Autofahrer sie sah, besser lesbar sein. Und siehe da, kurz darauf hielt eine schwarze Mercedes-Limousine mit einem sehr freundlichen Araber.

Trelleborg entpuppte sich als ebenso grau wie Smygehamn. Hier hatte es den ganzen Tag geregnet, und wie zu erwarten war, war die Stadt komplett ausgestorben. Nach etwas Suchen fanden wir einen offenen Laden, der von außen sehr ansprechend aussah. Durch das Schaufenster entdeckte ich regalweise Süßigkeiten, im Hintergrund DVDs, und alles war bunt – das war mein Laden. Wir verbrachten den ganzen Abend damit, uns drei Filme auszusuchen, als Präventionsmaßnahme für das nächste Mal, wenn wir wieder hilflos in einer grauen Suppe strandeten, man lernt ja aus Fehlern. Zumindest aus manchen ... Natürlich hatten wir vergessen, zu schauen, wann der letzte Bus fuhr, und so sahen wir nur noch seine roten Rücklichter um die nächste Ecke biegen. Ich nahm es als Schicksalsschlag und wollte die Zeit nutzen, mal wieder auszugehen, bis der nächste um vier Uhr morgens kommen würde. Gleich hier gegenüber schien es einen Klub zu geben, und ich war schon seit einer gefühlten Ewigkeit nicht mehr tanzen gewesen, aber Justus hielt nichts davon. Stattdessen stellte er sich an die Straße und versuchte, jemanden zu finden, der nach Mitternacht am Montag auf ein Dorf fuhr, das eine Stunde entfernt lag. Mit viel Zufall und noch mehr Glück sammelten uns zwei türkische Mädchen auf und brachten uns bis vor die Bootstür. Erst als wir ausstiegen und sie wieder umdrehten, verstand ich, dass sie nur für uns hierhergefahren waren und gar nicht in diese Richtung mussten. Völlig beseelt von ihrer guten Tat legte ich mich in die Koje, die immer noch nach verfaulten Eiern duftete.

Der folgende Tag war wie ausgewechselt, und für einen Moment überlegte ich, ob wir überhaupt rausfahren konnten, weil der Wind schon am Morgen die Bäume weit zur Seite bog. Doch es hätte schon mit

Orkanstärke wehen müssen, um uns hier noch länger festzuhalten. Der Wind kam genau von hinten, und wir blieben immer in Landsicht, das fühlte sich einfach besser an. Wenn eine Welle anrollte, wurde das Heck sanft angehoben, und für einen kurzen Moment schien alles einfach, klar und übersichtlich. Doch schon im nächsten Augenblick, wenn wir den Wellenkamm erreicht hatten, sausten wir wieder ins Tal, das Ruder ließ sich kaum noch halten, und wir waren umgeben von Wassermassen – ein Ablauf, der sich alle paar Sekunden wiederholte und jedes Mal aufs Neue Gefühle von absoluter Zufriedenheit bis zu panischem Unwohlsein mit sich brachte. Wir hatten noch im Hafen das zweite Reff ins Segel gebunden, trotzdem war der Ruderdruck enorm. Ich hielt die Pinne in beiden Händen und stemmte mich mit den Füßen gegen den Traveller und die Leeseite vom Cockpit. Morgen würde ich mit Sicherheit Muskelkater haben. Schon bald gab ich mich geschlagen und steuerte nach der nächsten Welle in den Wind, um das Großsegel ganz wegzunehmen. Es war noch ekliger, als ich es mir vorgestellt hatte. Mit einem Mal klapperten alle Fallen, der Wind pfiff durch die Wanten, und alles wackelte. Ich hatte Justus zum Glück schon vorher erklärt, was er zu tun hatte, denn während des Manövers war es unmöglich, sich zu verständigen. Am Strecktau festgebunden, krabbelte er nach vorne und band das heruntergelassene Segel an den Baum. Die Wellen sahen noch viel höher und steiler aus, wenn sie von vorne kamen, und ich musste aufpassen, dass uns keine seitlich erwischte und einfach mitnahm. Justus kam mit blassem Gesicht wieder zurückgekrochen, wir verkleinerten noch die Genua und er fragte, ob er steuern dürfe, in der Hoffnung, damit seinen Anflug von Übelkeit unterdrücken zu können. Ich war mir nicht sicher, ob das eine gute Idee war, doch er sah inzwischen so schrecklich aus, dass ich einfach nicht Nein sagen konnte. Ich setzte mich vor ihn und konzentrierte mich auf die kleinste Bewegung des Boots. Etwa fünf Wellen später hörte ich hinter mir ein lautes Würgen. Ich drehte mich um und sah Justus, der sich weit über die Reling beugte. Durch den Würgereflex hatte er die Pinne mit einem

Ruck zu sich rangezogen. Das Boot lehnte sich bereits tief in Lee ins Wasser. Gleich würde die Strömung abreißen, der Druck aufhören, das Segel überschlagen und wir mit einer Patenthalse in den Wind schießen. Ich machte einen Satz nach hinten und riss ihm die Pinne aus der Hand, dabei blieb ich mit dem einen Schienenbein am Traveller hängen und mit dem anderen Knie an den Holzbrettern der Sitzbank. Aua, das war wohl die gerechte Strafe. Wahrscheinlich war es keine gute Idee gewesen, das Steuer aus der Hand zu geben. Doch wer sollte jetzt navigieren? Meine Arme reichten nicht bis runter zur Karte und Justus würde wohl die nächste Zeit nicht mehr viel machen. Etwa eine Stunde fuhren wir einfach nur geradeaus, dann hatten wir die Landzunge erreicht, an der wir links abbiegen mussten. Ich drückte Justus wieder die Pinne in die Hand. Sein Zustand hatte sich etwas gebessert, und er schaffte es, erstaunlich präzise zu steuern, auch wenn ihn wieder einmal ein Schwall Übelkeit überkam. Als wir in Simrishamn einliefen, wurden wir von ein paar Deutschen empfangen, die wir ein paar Häfen zuvor kennengelernt hatten. Es war das erste Mal, dass jemand am Steg stand und darauf wartete, uns die Leinen abzunehmen. Wir waren willkommen – ein neues und wunderbares Gefühl.

In den kommenden Tagen segelten wir weiter nach Hanö und Richtung Karlskrona. Von dort würde Justus zurück nach Berlin fahren. Ich hatte nicht nur noch sieben Tage Zeit, sondern auch noch eine ganze Ecke Weg zurückzulegen, und zwar alleine. Mein nächster Mitsegler kam erst eine Woche später in Kalmar an Bord. Und so übte ich schon einmal das Einhandseglerdasein, wenn auch mit Justus als Unterstützung für den Notfall. Es war gar nicht so einfach, alleine zu wenden, die Genua mit beiden Händen festzuziehen und gleichzeitig zu steuern. Das Ruder konnte leider keine Sekunde allein gelassen werden, sonst schoss das Boot sofort in den Wind. Ich hatte schon viel ausprobiert, wie Segel anders trimmen oder auch Pinne festbinden, doch das Einzige, was wirklich half, war festhalten. Und so steuerte ich mit dem

Fuß, streckte mich einmal quer nach vorne zur Winsch und holte die Genua dicht – etwas umständlich, doch es ging. Das Segel zu reffen, war schon schwieriger, aber auch da war die Lösung am Ende simpel: Ich durfte einfach nicht in die Situation kommen, es tun zu müssen. Und wie sollte ich navigieren? Auch eine spannende Frage, doch hatte ich keine Zeit mehr, mir darüber Gedanken zu machen, denn in diesem Moment gab es etwas Dringenderes. Auf unserer Karte sah die Einfahrt nach Karlskrona einfach und übersichtlich aus – zwischen zwei großen Inseln hindurch und dann noch ein paar Meter geradeaus. Aber als wir jetzt die zwei großen Inseln erfolgreich passiert hatten, waren dahinter auf einmal noch ganz viele kleine, die nicht in der Karte eingezeichnet waren. Was machten die da? Und was wollte das Militärboot von uns, das gerade in unsere Richtung gerast kam? Zu allem Überfluss – vermutlich um mich vollends konfus zu machen – bombadierte eine unverständliche Stimme das Funkgerät unaufhörlich mit Worten. Justus drehte sich fragend zu mir um, doch statt etwas zu sagen, erstarrte er kurzfristig zur Salzsäule. Ich wartete auf einen Kommentar, aber er bekam kein Wort heraus – musste er auch gar nicht, denn der Ausdruck auf seinem Gesicht reichte aus. Ich drehte mich ebenfalls um und verstand: Scheiße! Hinter uns kam eine Fähre auf uns zu geschossen, und dieses monströse Etwas schien durch die gleiche Fahrwasserenge zu wollen wie wir. Ich war mir schon nicht sicher gewesen, ob es für uns reichen würde, da es keine Markierungen zum Land hin gab und alles so flach aussah. Mathematisch begabt, wie wir beide waren, verstanden wir schnell, dass der Schnittpunkt unserer Richtungsvektoren direkt zwischen den Inseln an die engste Stelle fallen würde – und wir aufgrund der Größe wohl den Kürzeren ziehen würden.

Mittlerweile umkreiste uns das Militärboot, und die Funksprüche wurden immer befehlender. Es war schon klar, dass sie an uns gerichtet waren, aber die Übertragung war einfach zu schlecht. Wir waren bereits zwischen den zwei Inseln, und wegen der ganzen aus dem Wasser hervorragenden Steine traute ich mich nicht, einfach den Kurs zu ändern. Am Ende siegte die Einsicht: Lieber aufgespießt von einem Stein, als überfahren von einer Schnellfähre. Wir drehten ab, schossen in den Wind und starteten den Motor. Wenige Meter an uns vorbei sauste das Fährmonster und zog uns im Sog noch ein paar Meter mit sich. Mir war das alles zu viel. Ich steuerte wieder zurück in die Richtung, aus der wir gekommen waren. Das war eindeutig nicht der richtige Weg gewesen, aber wo lang denn sonst? Alles war so verwirrend, nicht einmal die Karte konnte uns helfen. Per Funk meldete sich Stefan, den wir zuvor auf Hanö kennengelernt hatten. Er war schon im Hafen, hatte auf Kanal 16 alles mitbekommen und lotste uns nun blind und wie ein Navi für das Auto in den Stadthafen – »... nach 100 Metern bitte links abbiegen.«

Stefan war mit seinem Vater unterwegs. Sein Schiff schätzte ich so alt wie ihn, um die 40. Es war aus Holz und etwas länger als meine LilleMy, aber so schmal und so flach und ohne Reling, dass ich mich fragte, ob sie nicht Angst hatten, rauszufallen. Abends spannten sie ein kleines Zelt über dem Cockpit auf, damit sie trotz der Kälte draußen sitzen konnten, weil es drinnen einfach zu klein war, besonders für den fast zwei Meter großen Stefan.

Sie erzählten uns von einem Eisladen mit dem tollsten Eis Schwedens und den größten Eiskugeln der ganzen Welt, und obwohl wir schon müde waren, musste ich unbedingt dorthin. Sie hatten nicht übertrieben. Die Kugeln waren riesig. Eine einzige hatte die Größe einer Faust, allerdings nicht meiner, sondern die einer richtigen Männerfaust, und unglaublich lecker war es auch noch. Justus und ich teilten uns eine Kugel Lion und eine Kugel Lychee und kämpften dennoch mit den letzten Bissen.

Am nächsten Morgen brachte ich ihn zur Bahn.

Zurück im Hafen, setzte ich mich mit meinem Laptop ins Badehäuschen. Hier war der WLAN-Empfang gut, es gab Strom, eine Bank zum Sitzen, und es war warm. Ich weiß gar nicht, warum ich immer die

Einzige war, die das so machte. Ich skypte mit meinen Eltern und noch ein paar Freunden und freute mich, endlich mal so lange ich wollte mit ihnen telefonieren zu können, ohne ein schlechtes Gewissen wegen der Kosten haben zu müssen.

Nach einem Tag des Wetterberichte-Studierens und Mit-zu-Hause-Abklärens, entschied ich mich, bis zur Ostküste Schwedens innen durch die Inseln zu fahren, anstatt auf offenem Wasser um das Kap herumzusegeln, da der Wind in den nächsten Tagen zunehmen sollte. Für die kommenden Tage war ein Sturm vorhergesagt – bis dahin wollte ich in Kalmar sein.

Durch den Tipp eines Freundes hatte ich mittlerweile auch gemerkt, dass es gar nicht vollkommen unmöglich war, durch die Inseln zu fahren, man musste nur die richtigen Karten haben. Bisher war ich immer ohne es zu wissen mit Überseglern gefahren. Da musste ich mich nicht wundern, dass dort weder die zwei Quadratmeter großen Inseln noch die 1000 kleinen Untiefentonnen verzeichnet waren. Aber dank meiner super Organisation musste ich nur etwas in den Tiefen meines Bootes kramen und fand dort sogar noch fast aktuelle Detailkarten.

Den nächsten Morgen verbrachte ich das erste Mal allein an Bord. Bislang war den gesamten Monat immer jemand da gewesen – es war ein seltsames Gefühl. Mit Justus hatte es echt Spaß gemacht, auch wenn manche Dinge schiefgelaufen waren, war er mir doch eine große Hilfe gewesen. Um ehrlich zu sein: Ich hatte keine wirkliche Lust, alleine zu fahren, und vor allem hatte ich riesigen Respekt vor dem, was auch immer passieren würde. Es war keine große Strecke, nur aus dem Hafen raus, um die Ecke rum und wieder in den Hafen rein, trotzdem fühlte ich mich unsicher. Ich hatte das Boot extra dafür ausgerüstet, auch alleine fahren zu können, aber bisher war ich doch immer froh gewesen, jemanden bei mir zu haben.

Ich saß in meinem Schlafanzug im Cockpit und dachte über den Tag nach. An sich war alles bereit, nur Diesel fehlte noch, aber die Tankstelle war ein paar Meter entfernt. Leider fand ich gerade überhaupt keine Motivation da rüberzugehen und 40 Liter Sprit zurückzuschleppen – also ließ ich es bleiben, irgendwas würde schon passieren. Da klopfte es an mein Boot. War das etwa schon meine Rettung? Ich stand auf, aber der kleine alte Mann, der dort auf dem Steg stand, sah nicht aus, als könne er auch nur einen leeren Kanister anheben. Er kam aus England, und wir unterhielten uns kurz, wobei er eher monologisierte, während ich gedanklich meine Vokabelhefte aus der Schule nach passenden Antworten durchsuchte. Er selbst hatte anscheinend die große Karriere gemacht und genoss jetzt seine Rente. Sein Schiff war elf Meter lang und nach einem extra für ihn gezeichneten Riss gebaut. Es war mit allem ausgestattet, was man so brauchte, oder auch nicht brauchte, wie elektrischen Winschen, zwei Duschen, fließend heißem Wasser, einem Backofen und einem Navigationssystem, mit dem sich sicherlich auch das Raumschiff Enterprise steuern ließ. Er wollte es mir zeigen und meinte, dass ich doch später gerne mal vorbeischauen könnte, er wäre gerade mit seinem jüngsten Sohn unterwegs. Sohn? – Da war die Lösung für mein Dieselproblem. Als er weg war, tauschte ich schnell meinen gammeligen Schlafanzug gegen etwas Vernünftiges, und auf dem Weg über den Steg kratzte ich die einzigen sinnvollen Wörter zusammen, die mir auf die Schnelle einfielen: »I'd like to borrow your son« – wie peinlich, aber er ließ sich ausborgen, und eine halbe Stunde später hatte ich endlich meinen Diesel und dazu eine Einladung zum Essen an Bord des schwimmenden Luxushotels. Ich lehnte ab, weil ich beschlossen hatte, heute weiterzufahren. Heute war der Wind noch erträglich, und ich hatte kein großes Interesse, hier eine ganze Woche hängen zu bleiben. Sicherheitshalber ging ich noch einmal die Checkliste durch: Essen – vorbereitet und bereitgestellt; Reparaturen – alles erledigt; Diesel – hatte ich jetzt; Route – abgesteckt und eingespeichert; Wetterbericht – eingeholt, vom Hafenmeister, aus dem Internet und von meinem Bodenpersonal aus Berlin; Seekarten – ja, diesmal waren es die richtigen. Bisher hatte ich sie nicht anfassen wollen, da auf ihnen einfach zu viele Punkte und Striche und Zahlen und Wörter und Farben drauf waren. Jetzt lagen sie vor mir, und es blieb mir nichts anderes übrig, als sie zu verstehen. Ich zog meine Schwimmweste an, legte den Lifebelt bereit, und die Engländer halfen mir beim Ablegen.

Ich verfuhr mich gerade zweimal. Zwischen den Inseln war alles gut geschützt, nur eben etwas verwirrend. Am schwersten fiel es mir, einzuschätzen, wie das Verhältnis von Karte zur, Wirklichkeit war, wie tief es unter mir sein mochte und um welche Untiefentonne und Markierung ich wie zu fahren hatte. Ich traute mich nicht, zu segeln. Ich würde eine knappe Stunde bis draußen brauchen, und die motorte ich. Manchmal kamen recht starke Böen vorbei, und ich überlegte, ob das an den Engen zwischen den Felsen lag und sie den Wind verstärkten, oder ob es draußen wirklich so viel Wind gab. Schon jetzt nervte es mich, dass ich alle Gedanken, Zweifel und Diskussionen mit mir selbst auszuhalten und zu führen hatte. Um mich nicht so allein zu fühlen, fing ich an, zu singen. Ich konnte so laut singen, wie ich wollte, und niemanden störte es, weder wie schräg es war noch meine Liederwahl. Anscheinend sang ich aber so laut, dass ich mein Funkgerät nicht hörte, dabei hatte ich es extra auf die maximale Lautstärke gestellt. Als ich es bemerkte, sprang ich runter, schnappte mir das Sprechding des Funkgeräts und beeilte mich, wieder zurück an die Pinne zu kommen.

»Small, blue, german boat ...«, jemand rief mich. Ich schaute mich um, sah aber niemanden. Die Geisterstimme versuchte es immer wieder, und ich antwortete, doch wieder einmal verstand ich nichts. Wollte mir da vielleicht jemand abraten, rauszufahren, oder war es nur eine belanglose Frage? – Genau die Situation, für die ich das Alleinsegeln jetzt schon hasste. Ich war verunsichert, und die Frage, ob ich weiterfahren sollte oder doch lieber umdrehen, musste ich mir ganz allein beantworten, ohne jemanden nach seiner Meinung fragen zu können. Ich überlegte so lange hin und her, bis ich die letzte Ecke erreicht hatte und mit einem Mal draußen war. Damit hatte sich wohl weiteres

Abwägen und Zweifeln erledigt. Trotzdem wirkte das, was ich vor mir sah, nicht wie die nette vier aus dem Wetterbericht. Sobald ich ausreichend Abstand zum Land hatte, rollte ich die Genua aus und setzte mich. Erst einmal würde ich abwarten. Der Wind kam angenehmerweise von hinten, doch die Wellen wurden immer höher. Ich traute mich gar nicht, zurückzublicken, umkehren konnte ich jetzt eh nicht mehr. Die Geschwindigkeitsanzeige hatte ich unter dem Fall vom Großsegel versteckt, damit ich sie nicht sehen musste. Einmal verrutsche es dennoch, als ich gerade eine Welle runtersauste, und 8,2 Knoten wurden sichtbar. Sofort stapelte ich noch ein paar Leinen mehr darüber, so was wollte ich gar nicht sehen. Nie im Leben waren das nur vier Windstärken! Ich schaute nach hinten. Die nächste Welle kam angerollt. Sie überschlug sich neben mir, und etwas Wasser kam in Luv über. Es war gar nicht so schlimm, und mit der Zeit entspannte ich mich.

Mittlerweile war auch Mittagessenzeit und mein Magen grummelte schon tadelnd. Eine große Schüssel voll mit belegten Broten, Schokolade, Bonbons, Äpfeln und noch mehr Schokolade wartete auf mich – unten. Mein Ruderdruck war inzwischen so stark, dass ich wieder Probleme bekam, den Kurs zu halten, obwohl die Genua nur noch die Größe eines Taschentuchs besaß. Niemals konnte ich in dem Zustand einfach loslassen, mein Schiff würde sofort aus dem Ruder laufen. Ich versuchte, die Pinne festzubinden. Es sollte nur ein paar Sekunden halten. Ich ließ los – das war ein Fehler. Das Boot schlug quer, und ich konnte gerade noch die Pinne greifen. Wieder versuchte ich, mit dem Fuß zu steuern, aber durch das ganze Geschaukel war die Schüssel vom Tisch gefallen, lag nun in der hintersten Ecke unter dem Radio und war damit unerreichbar. Verdammt! Ich hatte Hunger, und wenn ich Hunger hatte, bekam ich schlechte Laune und wurde trotzig.
Nie wieder würde ich ohne Mitsegler losfahren oder wenn doch, dann wenigstens mit einer Selbststeueranlage. Ich konnte mich auch kurz in den Wind stellen, um runter… – Nö. Oder versuchen, beizudr… – Nö! Oder vielleicht … – Nö! Blöd, wenn man sich selbst im Weg steht. Ich

fuhr weiter, Welle hoch, Welle runter. Vor mir kam eine Tonne in Sicht. Als ich näher kam, erkannte ich sie als eine Untiefentonne. Schwarz-gelb-schwarz. Wie war das noch gleich? Das musste Ost sein. Aber was Ost? Zeigte sie an, dass östlich von ihr eine Untiefe war, oder markierte sie die östliche Begrenzung der Untiefe? Ich hatte eine Regel dafür gelernt, nur fiel sie mir nicht mehr ein, und langsam musste ich mich entscheiden. In der Luft lag mächtig Druck, und ich traute mich nicht, eine Halse zu fahren. Dadurch nicht ganz unbeeinflusst, beschloss ich, dass links vorbei die richtige Entscheidung sein würde, also die Osttonne in meinem Osten zu lassen. In Erinnerung hatte ich, dass es trotz Untiefe hier eh tief genug war. Als ich sie querab hatte, tauchte plötzlich vor mir eine glänzende schwarze Spitze aus dem Wasser auf. Mir blieb das Herz stehen. Die schwarze Spitze war direkt vor meinem Bug. Vor Schock wusste ich nicht, was ich tun sollte, und selbst wenn ich es gewusst hätte, hätte ich mich einfach nicht bewegen können. Ich wartete auf den Aufprall. Mit einem Mal fiel mir auch der Spruch wieder ein: »Hallo, ich bin die Osttonne, ich stehe im Osten.« Mist! Ich wollte meine Augen schließen und mir die Ohren zuhalten, um nicht mitkriegen zu müssen, was nun passieren würde, aber meine Hände klammerten sich immer noch krampfhaft um die Pinne, und meine Augen starrten einfach weiter auf den Bug. Ich wartete. Es kam nichts. Es kam kein Krachen. Es kam kein Stoß, der mich über Bord katapultierte. Es kam nicht einmal ein Kratzen. Lediglich ein kleines Platschen war zu hören, und mit einem Mal verschwand die Spitze im Wasser, tauchte neben mir wieder auf und gab die Ehre, sich ganz zu zeigen. Es war eine kleine schwarze Robbe, und sie schien sich unglaublich zu freuen, mir einen solchen Schrecken eingejagt zu haben. Ich war erleichtert, trotzdem war mir übel, und ich zitterte am ganzen Körper.

Nie wieder würde ich diese dämliche Regel vergessen, nie wieder.

5.

»Ich bin gerade gut genug
Um Katzen zu töten«

(Jacques Brel – Ces gens là)

Die Aufregung hatte mir die Röte ins Gesicht getrieben, und obwohl ich die letzten vier Stunden noch nichts getrunken hatte, meldete sich jetzt meine Blase. Damit war ich wieder in der gleichen Situation wie zuvor beim Essen. Ich konnte nicht einfach nach unten ins Bad gehen. Aber wie machten es die Segler, die keine Toilette besaßen? Die setzten sich auf einen Eimer. Einen Eimer hatte ich auch, allerdings nicht in greifbarer Nähe. Und wie machten es die, die keinen Eimer zur Verfügung hatten? Über Bord – was für eine Alternative. Also zog ich die Hose aus und versuchte, meinen blanken Hintern zwischen Reling und Deck hindurchzuschieben. Ich kam mir unglaublich dämlich vor, zum Glück war hier weit und breit niemand. Während sich eine angenehme Entspannung in mir ausbreitete, dachte ich über die letzte Hürde für heute nach, das Anlegen. Ablegen war leicht gewesen, doch Anlegen erforderte mehr Feingefühl. Ich würde rechtzeitig das Segel runternehmen, die Fender und Leinen bereithalten und die Mooringtonne treffen müssen, um schnell einen Palstek durch die Öse legen zu können. So weit die Planung.

Die Praxis war natürlich etwas ganz anderes. Vielleicht ging ich da mit zu viel Eifer dran, denn in meiner Aufregung vergaß ich, den Motor vernünftig auszukuppeln. Der Wind drückte das Boot in die falsche Richtung, ich trieb etwas rückwärts, es machte *krtschz*, und meine Mooringtonne versank. Ich hatte direkt neben Stefan angelegt. Er und seine Freundin, die mittlerweile an Bord war, hatten mich angenommen und mir bei meinem missglückten Manöver gut zugeredet. Sie waren einfach froh, dass ich heil und unbeschadet angekommen war, denn die letzte Windmessung hatte 24 Knoten ergeben, also zwei Windstärken mehr als erwartet. Mir wurde erst jetzt bewusst, wie naiv und vielleicht auch gefährlich mein Alleinsegeln gewesen war.

Das Erste, was ich nun tat, war essen – lang und ausgiebig. Dafür setzte ich mich in mein Cockpit und schaute raus aufs Wasser. So schrecklich windig sah es gar nicht aus. Gerade jetzt, wo es Abend wurde, legte sich der Wind und war nur noch ein kleines Kräuseln auf der Wasseroberfläche. Der angesagte Sturm würde morgen erst die schwedische Westküste erreichen, mir also noch keine Probleme bereiten. Dennoch störte es mich, dass ich die Einzige im ganzen Hafen war, die rauswollte. Ich würde morgen früh aufstehen, nach dem Wetter schauen und dann entscheiden. Jetzt wollte ich einfach nur dasitzen und nichts machen, am liebsten nicht einmal denken. Die Sonne ging unter, und der Wind legte sich vollständig. Es war still. Ein wenig knarrten die Boote neben mir, sonst hörte ich nichts. Ich atmete tief durch. Das musste der ganze Hafen gehört haben, so laut kam es mir vor. Zufrieden schloss ich die Augen, und das erste Mal auf der Reise hatte ich das Gefühl, wirklich angekommen zu sein. Ich wusste, dass es richtig war, was ich tat. Zu Hause hatte ich Nächte damit verbracht, mir vorzustellen, wie es sein würde, wenn ich unterwegs war. Ich kannte die Ostsee bereits auswendig, wusste, wo die wichtigsten Städte lagen, wo welche größere Insel und welcher bekannte Hafen, aber alles kannte ich nur von oben, von Google Maps. Nach und nach bekam ich ein Bild von den grünen und blauen Flächen auf der Landkarte. Hier war überall so viel versteckt, was Google Maps nicht einmal in allerbester Auflösung hätte zeigen können. Fakten, ja, die konnte man im Internet erfahren. Bis zum letzten Grashalm ließ sich dort alles finden, aber fühlen konnte man nichts, außer vielleicht Sehnsucht. Das Härteste, was ich bis jetzt lernen musste, war zu atmen. Mir kam es vor, als hätte ich das jahrelang nicht getan, vielleicht sogar noch nie. Das Nachvibrieren Berlins steckte mir immer noch im Kopf.

Besonders am Anfang dieses Abenteuers, quasi in der Vorplanung der Planung, rasten die Gedanken unentwegt und ziellos wie Kaulquappen umher. In Berlin hatte ich keine Zeit zum Denken gehabt. Nachdem die Vorbereitung der Reise zu Beginn völlig unproduktiv und schleppend vorangegangen war, musste ich meine Zeit besser einteilen. Morgens um sechs Uhr in der Bahn zur Arbeit strukturierte ich mir den Tag, schrieb Unmengen von To-do-Listen und plante schrittweise genau, was ich wann im Laufe des Tages tun würde, sodass ich den Rest des Tages nur noch meine selbst gegebenen Befehle ausführte. Hätte ich in meiner abendlichen Organisier- und Projektumsetzungsphase auch noch angefangen, zu denken, wäre ich nie vorwärtsgekommen. Wer das nötige Kleingeld hat, kann unglaublich viel Zeit sparen. Braucht man Ölzeug, geht man in einen Laden und kauft es sich. Wer kein Geld hat, muss sich das Ölzeug anders besorgen. Da ist die naheliegendste Idee, sich einen Partner oder Sponsor zu suchen, wofür man den potenziellen Gönner aber davon überzeugen muss, wie toll das Vorhaben und vor allem man selbst ist. Ich versuchte es – und scheiterte gleich bei meinem ersten Versuch kläglich.

»Guten Tag, was kann ich für Sie tun? – Was? – Mädchen, jetzt bleib mal auf dem Boden. So was machen jährlich mehr Leute, als du denkst. Ostsee kann jeder, das macht jeder. Das interessiert absolut niemanden! Es ist nur die Ostsee!«

Vor allem der letzte Satz verfolgte mich von da ab jeden Tag, und mit der Suche nach Sponsoren ließ ich es auch erst einmal bleiben. Dafür nahm ich jeden Job an, den ich bekommen konnte, denn mit einem durchschnittlichen Stundenlohn von 7,50 Euro verdienen sich die Brötchen ziemlich hart.

Doch nun, endlich, hier auf der »nur-Ostsee«, war ich die Prinzessin in meinem eigenen kleinen Reich. Ich versuchte, noch ein paar Sternbilder zu erraten, entdeckte Kassiopeia, den Orion und Unmengen von Satelliten und ging ins Bett.

Mitten in der Nacht überfiel mich die Genialität, und so wachte ich erfrischt und voll Vorfreude schon früh am Morgen auf. Ich würde heute so viel essen können, wie ich wollte – egal, wie lange ich segeln würde! Mit einem Gummistropp band ich meine blaue Spülschüssel auf der obersten Stufe des Niedergangs fest und legte alles hinein, was ich an Leckereien an Bord finden konnte. Es würde halten, wenn ich nicht gerade mehr als 45 Grad Krängung bekam. Vor lauter Freude über die gefundene Lösung meines Problems aß ich bereits in der ersten Stunde nach dem Ablegen alles auf. Ich war wirklich die Einzige, die heute aus Kristianopel ausgelaufen war.

In Kalmar angekommen, war die Situation nicht viel anders: Auch hier hatten sich die Segler in ihren Booten verkrochen und schienen auf einen bevorstehenden Weltuntergang zu warten. Ich hatte immer gehört, dass Fahrtensegler so unglaublich kommunikativ und gesellig seien, doch davon hatte ich bisher nichts mitbekommen. Ich war mir nicht sicher, ob es an mir lag, oder ob meine Erwartungen einfach die falschen gewesen waren. Vielleicht war es für andere Segler auch einfach befremdlich, dass ich nicht einmal halb so alt war wie sie, vielleicht dass ich ein Mädchen war. Aus Langeweile fing ich an, zu putzen. Mama hatte darauf bestanden, dass ich das gesamte Drogeriesortiment an Putzmitteln mitnahm. Mir hätte Spülmittel gereicht. Jetzt aber hatte ich Scheuermilch, Edelstahlreiniger, Glasreiniger, WC-Reiniger, Essigreiniger und Allesreiniger an Bord. Irgendwann glänzte alles, und die Sonne war immer noch nicht untergegangen. Die einzigen Worte, die ich in den letzten 24 Stunden von mir gegeben hatte, waren: »Thank you«. Ich fühlte mich einsam, und das erschreckte mich. Hatte es wirklich nur etwas damit zu tun, dass ich mal einen Tag mit niemandem geredet hatte? Brauchte ich wirklich so viel Aufmerksamkeit? Doch es war etwas anderes. Kalmar war eine Großstadt, nicht so groß wie Berlin oder Stockholm, aber durchaus groß. Wäre ich auf einer einsamen Insel gelandet, hätte ich mich lange nicht so allein gefühlt wie in einer überfüllten Stadt. So viele Menschen und so viel Anonymität – ist das nicht pervers? Das eigene Dasein wurde mit einem Mal so irrelevant, und das machte einsam.

Viel Zeit für Selbstmitleid und ungesunde Selbstreflexion blieb mir nicht. Während ich am nächsten Morgen im Cockpit sitzend meine tägliche Schüssel Müsli mit der viel zu warmen Milch löffelte, kam ein weiteres Schiff in den Hafen. Es waren die Briten aus Karlskrona. Ich freute mich unglaublich, sie zu sehen. David lud mich auf sein Boot ein und machte nun die ausgiebige Sightseeingtour, zu der wir das letzte Mal nicht mehr gekommen waren. Auch wenn er mich bereits vorgewarnt hatte, brauchte ich unten ein wenig Zeit, um zu realisieren, dass ich wirklich auf einem Schiff war. Wofür brauchte er zwei Badezimmer jeweils mit Dusche, eine Tiefkühltruhe, einen riesigen in die Wand eingelassenen Plasmafernseher, einen Tisch, an dem eine türkische Großfamilie Platz hatte, oder die ganzen elektronischen Anzeigen und Kartenplotter? Gut, ich hätte dazu nicht Nein gesagt, aber dann wäre ich auch nicht auf der Ostsee anzutreffen, sondern irgendwo bei Kap Hoorn gegen den Wind kreuzend und dabei am Spargel schälen. In eine Kategorie mit dem Boot passte aber auch das Abendessen, und von Wein zu Wein wuchs die Bereitschaft zur Konversation, wenn auch leider nicht die Fähigkeit zur englischen Sprache. Ich hoffte, dass es ihnen nicht auffiel. Aber wem fallen wohl am ehesten semantische und syntaktische Krüppel im Englischen auf, wenn nicht einem Engländer. Irgendwann zwischen einem trockenen 2001er Grauburgunder und einem halbtrockenen Riesling Jahrgang 98 diskutierten wir über die unterschiedlichen Gewohnheiten zu segeln. Oliver, Davids Sohn, konnte sich nicht vorstellen, dass man in einem so kleinen Boot wie meinem reisen konnte und bestand darauf, meine alte Dame von innen zu sehen. Wir gingen zu mir, und ich zeigte ihm die Hallen meines Palastes. Um ein Luxusaccessoire beneidete er mich sogar: meine Außenlautsprecher. Und so saßen wir bei mir im Cockpit, hörten leise Musik und sinnierten über Kunst und das Leben.

Für den nächsten Tag hatten wir ein kulturelles Schockprogramm geplant, das bedeutete: Gemäldegalerie, Schloss, Stadtgeschichte, Park und Museum für Moderne Kunst. – Danach war ich fertig, dabei musste ich mich beeilen. In weniger als einer Stunde würde Jan mit dem Zug ankommen. Ich schaffte es gerade noch, so weit aufzuräumen, dass es der Idee des Idealzustands von gestern wieder nahekam.

Es war doch erstaunlich, von welch kurzer Dauer die Ordnung sein konnte.

Mit Jan an meiner Seite veränderte sich viel. Sowieso wurden bei jedem Crewwechsel alle bisher an Bord bestehenden Werte und Regeln auf den Kopf gestellt. Zum einen hatte das etwas mit meinem mangelnden Durchsetzungsvermögen zu tun, aber auch damit, dass es gar keine Grundordnung gab, auf der ich hätte bestehen können. Jan kam mit einem Hartschalenrollkoffer, einer Menge Aufregung und keinerlei Segelkenntnissen an Bord. Den Koffer verstauten wir im Gang, wo wir die nächsten zwei Wochen drüberklettern würden, und gegen die Aufregung beschlossen wir, noch abends um acht auszulaufen. Nach Borgholm war es nicht weit, trotzdem würden wir erst in der Dunkelheit ankommen. So gesehen, war es meine erste halbe Nachtfahrt.

Als es dämmerte, fing mit einem Mal alles um uns herum an zu blinken, als würde ein Ufo landen. Es kam von den Bojen, den Fahrwassertonnen, etlichen Untiefenmarkierungen, von anderen Schiffen, Leuchttürmen, Häusern und Autos. Das Einzige, was nicht blinkte, waren die Ansteuerungstonnen für unserem Hafen. Die Stadt konnten wir schon sehen, denn sie hatte eine helle Kuppel über sich, wodurch sie in der schwarzen Nacht aussah, als würde sie glühen. Laut der Karte auf meinem Schoß sollte die Zufahrt sehr flach sein und um ein paar Steine herumführen, und während ich leicht verzweifelt ein schreckliches Gewirr aus Karte, Dreieck, Zirkel und GPS-Gerät anstellte, machte Jan uns Schnittchen zur Beruhigung – jeder tat eben das, was er konnte. Schließlich setzte ich einen Wegpunkt, der in etwa bei der ersten grünen Tonne liegen sollte. Wir hatten gerade noch zwölf Meter zwischen uns und dem angeblichen Ziel. Doch auch nach sechs Metern konnten wir beim besten Willen noch nichts erkennen. Der Motor lief inzwischen auf Leerlauf, und dann plötzlich sahen wir sie, oder besser gesagt, hörten wir sie. Mit einem sanften Klonk begrüßte sie uns und schob sich einmal die Backbordseite entlang – »Sie haben ihr Ziel

Die LilleMy bei der Tauffahrt eine Woche vor der Abfahrt.

Gerade um die erste Ecke, schon der erste Motorschaden.

Und das soll mal ein Boot werden? Die letzten Vorbereitungen im April.

Klintholm – ich will nach Hause.

Die Öresundbrücke.

Und alles ist vergessen –
die Klippen von Mön.

Umzingelt von einer Wand
aus Nichts.

Warten auf ein Wunder, das den Motor wieder zum Laufen bringt.

Warum heißt das Einhandsegler, wenn man doch eigentlich fünf Hände bräuchte?

Schweden! Karlskrona bei Nacht.

Unsere eigene Insel – Jan macht Luftsprünge.

Joschka beim gekonnten Montieren des Einleinenreffsystems.

Eine Müllkippe? Das war wohl der falsche Weg.

Wäschewaschen in Oskarshamn.

Lagerfeuer ...

... und mit dem Paddelboot zur nächsten Schäre.

Die jungen Wilden.

Der letzte Abend mit Gabi und Andreas, festgemacht an einem uralten Eisenring.

Die LilleMy unter Höchstgeschwindigkeit.

Eine abregnende Wolke, spannender als jeder Actionthriller.

Ein zufälliges Wiedertreffen mit Stefan und Anne irgendwo im Nirgendwo.

Von oben dann doch ganz schön klein.

Der letzte Abend vor dem Rückflug nach Berlin.

erreicht!« Das war ein Schock gewesen, doch es sprach auch für meine Navigationskünste. Langsam hangelten wir uns von Tonne zu Tonne, bis wir die Einfahrt erreicht hatten. Der Hafen war tot. Es standen lediglich ein paar viel zu große Motoryachten herum, doch ansonsten war er leer. Wir legten an, Jan holte zwei handwarme Dosen Bier aus dem Boot, und wir setzten uns auf die Kaimauer. Es war kurz nach eins, und wir fanden niemanden mehr, der unser Hafengeld haben wollte, auch am nächsten Morgen nicht. Sollte uns nur recht sein, dann blieb mehr zum Essen übrig, denn das war hier in Schweden kein bisschen bezahlbarer als in Dänemark. Sowieso war es ein unlösbares Geheimnis, wie es eigentlich inzwischen um mein Budget stand. Zwar hatte ich eine Visakarte, aber nirgendwo eine Möglichkeit, meinen Kontostand abzufragen. Ich war mit ungefähr nichts losgefahren – irgendetwas Einstelligem. Einmal im Monat schrieb ich für ein kleines Seglerblatt aus Schleswig-Holstein, und über meine Internetseite verkaufte ich selbst bedruckte T-Shirts. Wie viel damit allerdings zusammenkam, wusste ich nicht, da fehlte mir der Überblick. Aber irgendjemand würde sich schon melden, wenn es etwas gab oder eben auch nicht mehr gab, und so lange lebte ich einfach weiter.

Ein anderes Geheimnis war das, was vor uns lag. Aber im Gegensatz zu der Geldfrage war es ein lösbares. Um die schwedische Ostküste weiter nach Norden zu fahren, konnten wir uns entweder quer durch die Schären hangeln oder in größeren Etappen außen herumfahren. Natürlich wollte ich in die Schären, aber bei der Fülle an Meinungen und gruseligen Geschichten, die mir erzählt wurden – von Schiffen, die gegen einen Stein gefahren waren, den Kiel abgerissen hatten und untergegangen waren, von Irrwegen wie in einem Labyrinth und von Winden, die sich zwischen den teils steilen und engen Felsenschluchten stauen sollten –, war ich mir nicht mehr sicher, ob ich mir das zutrauen konnte. Einen kleinen Vorgeschmack hatte ich vor Karlskrona erlebt, und da war bereits genug schiefgegangen. Ich stellte mir vor, dass überall im Abstand von wenigen Metern kleine Spitzen aus dem Wasser ragten, um die wir Slalom fahren mussten, oder noch schlimmer, sie ragten nicht aus dem Wasser und waren gar nicht zu sehen, sondern nur zu spüren. Wir wollten es dennoch versuchen. Ich steuerte, und Jan suchte fleißig nach roten und grünen Tonnen, ein System, das super funktionierte. Trotzdem bogen wir etliche Male falsch ab und mussten wieder umdrehen. Ich stellte fest, dass nur weil auf der Karte eine riesige gelbe Fläche zu sehen war, das noch lange nicht heißen musste, dass an der Stelle auch ein großer Fels meterhoch aus dem Wasser ragte. Häufig war es nur ein leicht umspülter Stein, der lediglich durch das Brechen der Wellen zu erkennen war.

Endlich in Klintmala angekommen, zweifelte ich dann auch stark daran, je wieder rauszufinden. Klintmala selbst war schön, aber klein. So klein, dass ich schon nach wenigen Minuten einsehen musste, dass ich hier wohl keine anderen Toiletten finden würde außer den verschlossenen sanitären Anlagen am Steg. Sie waren noch relativ neu und nach dem Einbau hatte sich niemand den Code gemerkt, sodass sie seitdem verschlossen blieben. Die einzigen Bewohner des Dörfchens, die ich auf der Straße fand, boten mir zum Glück ihre an. In einem kleinen Garten stand auf einer kleinen Wiese ein kleines rotes Häuschen mit einem kleinen Herzchen in der Tür – sehr idyllisch. Man erkannte es schon von Weitem an seinem Geruch, doch ich musste so dringend, dass mir alles recht war.

Auf dem Rückweg traf ich Jan, der vor der verschlossenen Toilettentür des Hafens stand, so wie ich vor einer Viertelstunde. Nur drückte er im Gegensatz zur mir nicht wahllos auf dem Ziffernbrett herum, sondern stand einfach da und überlegte. Als ich bei ihm war, hob er die Hand, tippte vier Zahlen ein, und das Licht über dem Griff sprang auf Grün – Sesam, öffne dich. Ich konnte es nicht glauben, aber er hatte die Zahlenkombination herausbekommen. Es wäre ihm einfach eingefallen, meinte er. So eine Gabe hätte ich auch gerne, wenn ich wieder einmal versuchte, eine Schatzkammer zu plündern. Vielleicht sollte ich die Energydrinks doch nicht so verurteilen, die er trank, wie ich Wasser.

Zurück am Boot, entknoteten wir das Schlauchboot, das auf dem Deck festgeschnürt nun schon anderthalb Monate darauf wartete, benutzt zu werden, und zehn Minuten später paddelten wir rüber zu einer der Inseln. Sie bestand aus einem riesigen Stein, der noch ganz warm war vom Tag, und ein paar Bäumen. Darauf hockten wir uns und aßen die Reste aus der Bordküche. Der Sonnenuntergang war wunderbar kitschig. So hatte ich es mir immer vorgestellt, nur hatte in meinen Vorstellungen jemand anderes neben mir gesessen. Doch Jan war durchaus eine akzeptable Alternative – wie schrecklich wäre es, diesen Moment mit niemandem teilen zu können. Wir redeten nicht viel, aber das brauchte es auch gar nicht. Für mich war die ganze Luft und alles um uns herum erfüllt von Farben und Geräuschen. Unser Fels war vielleicht zehn Meter hoch. Von hier oben hatten wir eine wunderbare Sicht über alles, auch auf das Schlauchboot, das unten an einem Busch festgemacht war. Das Boot mit dem passenden Namen ATLANTIC hatte mittlerweile über die Hälfte der Luft verloren – blödes Ding! Entsprechend nass wurde das Zurückpaddeln, und vorbei war es mit der Romantik: Hallo, Realität.

6.

*»Grießsardinen klettern auf den Eiffelturm
Gewöhnliche Pinguine singen Hare Krishna«*

(Beatles – I Am the Walrus)

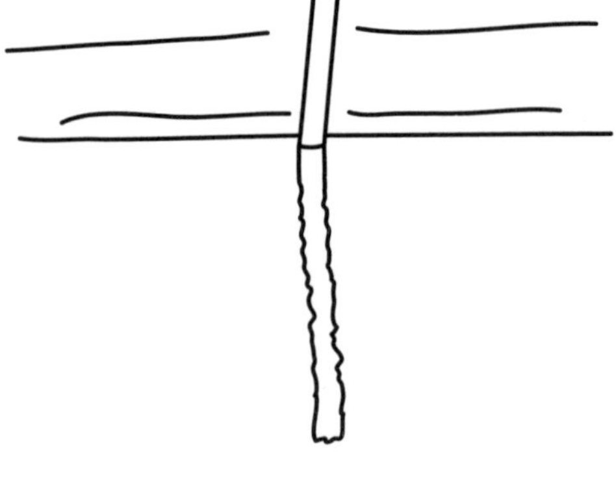

Unseren Tagesablauf passten wir der Sonne an, die von Tag zu Tag später unterging. Es wurde normal, die Augen das erste Mal gegen Mittag zu öffnen, sich noch einmal umzudrehen und dann zum Mittagessen aufzustehen. Dass es nachts immer taghell war, machte das Ablegen sehr flexibel. Wen interessierte es schon, ob wir früh um acht oder nachmittags um 15 Uhr ausliefen? Beim Frühstück wurde der Hafenführer eine Seite weitergeblättert und die 15 bis 20 Seemeilen in der Karte abgesteckt. Wirklich vorwärts kamen wir damit nicht, aber darum ging es auch gar nicht. Ich fing an, die Zeit zu vergessen. Durch das In-den-Tag-hinein-Leben hatte ich weder einen Überblick darüber, wo wir waren, noch welchen Tag wir gerade hatten.

Eines Abends jedoch schrieb mir meine Mutter eine Nachricht, in der sie mich wieder an ein längst verdrängtes Thema erinnerte: Bald würde der Bewerbungsschluss für die Universitäten sein, und von einem weiteren Sommer Segeln hielt sie nichts. Deshalb suchten wir unseren nächsten Hafen nach einem rein rationalen Kriterium aus: Er musste Internet haben. Der Segelverein, in dem wir anlegten, weigerte sich zunächst, uns aufzunehmen, da er sich nicht als Marina verstand. Doch wenn wir auf unserem Boot blieben und uns in einer Ecke versteckten, würden wir für eine Nacht geduldet. Nur das Haus durften wir unter keinen Umständen betreten, denn dort würde heute Abend eine Hochzeit gefeiert. Ich bemühte mich wirklich, nicht auf die Toilette zu müssen, aber irgendwann konnte ich es einfach nicht mehr aushalten. Meine Bordtoilette war gerade außer Betrieb, weil ich einen Dichtungspfropfen verloren hatte, deshalb schlich ich mich von hinten her in das Haus. Auf dem Rückweg kam ich an ein paar Partygästen vorbei. In ihren Händen hielten sie mit Sicherheit nicht ihr erstes Bier. Sie versuchten, mich zu überreden, noch zu bleiben und mit ihnen anzustoßen. Auf ein Glas ließ ich mich ein, dann musste ich aber schnell zurück, denn ich wollte nicht wegen so etwas meinen Liegeplatz verlieren. Am nächsten Tag entdeckte der Hafenmeister uns. Mit einem bösen Blick fragte er, wer wir wären und was wir hier taten. Ich erklärte ihm alles, dann guckte er uns etwas verwirrt an:

»And who is the captain?«

»It's me!«

Brüllend fing er an zu lachen und hörte gar nicht mehr auf, bis er Tränen in den Augen hatte und nach Luft schnappen musste. Was daran so lustig war, verstand ich zwar nicht, aber wir hatten ihm offenbar die Freude seines Lebens bereitet. Er lud uns ein, als Gäste so lange in dem Verein zu bleiben, wie wir wollten, und überließ uns Küche, Sauna, Gemeinschaftsraum und Internet. Wir beschlossen, ein paar Tage Urlaub vom Urlaub zu machen. Dass uns die Küche zur Verfügung stand, traf sich gut, denn wieder einmal hatten wir keinen Spiritus mehr für den Kocher an Bord, und heute hatten die Läden alle geschlossen, denn es war Sonntag. Das stellte ich aber erst fest, als Jan mit einer leeren Einkaufstüte aus der Stadt zurückkam.

Bislang sah morgens immer alles gleich aus: Bäume, Häuser, Boote, Hafen. Um etwas Abwechslung zu bekommen, wollten wir nun an einer der vielen kleinen Inseln übernachten. Wir fanden Kvädö, eine Insel, auf der es ein paar leere Häuser und einen Steg gab, gerade lang genug für meine LilleMy. Wir suchten alle Reste an Essen im Boot zusammen, sammelten etwas trockenes Treibholz und machten Feuer. Aus dem Gitter unseres schon gebrauchten Einweggrills und ein paar Steinen baute Jan einen wunderbar funktionierenden Grill. Ich liebe Lagerfeuer. In die Flammen zu gucken ist spannender als jeder Actionthriller und romantischer als jeder Liebesfilm. Weniger romantisch war hingegen der Geruch, der sich überall festsetzte und auch am Morgen noch in den Haaren klebte. Auf der ganzen Insel war keine Dusche zu finden, dafür fing es nachmittags an zu regnen. Und während es in Berlin 30 °C im Schatten hatte, verdammte ich meine Skihandschuhe, die ich alle paar Minuten auswringen musste. Auch in den nächsten Tagen regnete es in Strömen, war es saukalt, extrem windig, böig und nass.

So an Bord arrestiert, steigerte das nicht im Geringsten die Produktivität. Ich hatte absolut keine Lust, aufzuräumen, geschweige denn abzuwaschen, es war nur mal wieder dringend nötig, gerade wenn man sich einen ganzen Tag zu zweit auf zwei Quadratmetern aufhielt. Und so wurden die Sachen halbherzig nach vorne in die Koje oder in den Schrank geschmissen, und der Stapel Geschirr kam nach draußen in die blaue Spülschüssel, wo er im Regen und mit einem Schuss Spülmittel sich selbst überlassen wurde. Fehlte nur noch meine eigene Wäsche. Ich schnappte mir meine Seife und ging raus. Und während die Leute um uns herum in ihren Booten saßen und sich über ihre Dieselheizungen freuten, tat ich etwas für meine Abwehrkräfte. Frisch geduscht und durchgefroren sah die Welt in der Tat schon ganz anders aus.

Bisher hatte ich immer ein schlechtes Gewissen gehabt, wenn ich irgendwo mehr als einen Tag geblieben war. Inzwischen sah ich das nicht mehr so eng. Das Einzige, was uns zeitlich einschränkte, waren Jans Rückflug und die Fußball-WM. Fußball hatte mich noch nie wirklich interessiert, Jan dafür umso mehr, und deshalb mussten wir auch bei jedem wichtigen Spiel in einem Hafen mit Fernseher sein. Unseren letzten gemeinsamen Abend verbrachten wir daher in Nyköping in einem Irish Pub mit Großbildleinwand. Und was, oder besser: wer sollte danach kommen?

Im Internet hatte ich Andreas kennengelernt. Er war ein sehr aktives Mitglied im Segeln-Forum, und einer der wenigen, die sich nicht destruktiv oder abfällig zu meinen Plänen geäußert hatten. Er war zufällig ebenfalls gerade hier in der Gegend unterwegs, und wenn ich zwei Tage warten würde, konnten wir uns treffen und zusammen sozusagen im Tandem weiterfahren. Ich hatte eh nichts anderes vor, deshalb wartete ich. Ein wenig misstrauisch war ich schon, immerhin kannte ich diesen Menschen eigentlich nicht, und Internetbekanntschaften hatten eben doch immer einen gewissen Beigeschmack. Letztendlich traf ich ihn auf dem Weg zur Toilette:

»Bist du Merle?« Ein strahlendes Honigkuchenpferd stand vor mir, ausgesprochen nett und unfassbar hilfsbereit. Am Abend saßen wir im Wohnzimmer seiner SLISAND. Er hatte gekocht, und wir unterhielten uns, als würden wir uns schon eine Ewigkeit kennen und hätten uns hier nach Jahren zufällig wiedergetroffen. Als ich ins Bett ging, war ich dennoch nicht völlig frei von Skepsis. Ich schämte mich für mein Misstrauen. Warum verurteilte ich jemanden für sein gutes Wesen? War das das Resultat der Gesellschaft, in der ich lebte?

Am nächsten Tag wurde ich von Gepolter auf meinem Deck wach.

»Boah, hackt's?!« Zu sprachlichen und gedanklichen Höhenflügen war ich um diese Zeit noch nicht bereit. Ich krabbelte aus dem Bett und streckte den Kopf aus dem Niedergang. Andreas stand am Mast und hielt abwechselnd kleine silberne Dinge dagegen. Er drehte sich um und begrüßte mich:

»Guten Morgen, du hattest doch gestern erzählt, dass dir die Mastrutscher vom Großsegel immer rausfallen würden, und da wollte ich gucken, ob ich das Problem nicht lösen kann.«

Was hatte ich ihm wann erzählt? Und was waren überhaupt Mastrutscher? Ich verschwand wieder nach unten und machte mir Frühstück zum wach werden. Die Milch war ein sicherer Indikator dafür, dass der Sommer vor der Tür stand. Schon jetzt am frühen Morgen war sie widerlich warm, und von warmer Milch konnte ich kotzen. Also setzte ich mich nach draußen und schaute Andreas zu. Als ich fertig war mit essen, war auch er fertig. Er hatte an die Stelle, an der das Segel in den Mast gezogen wurde und jedes Mal beim Setzen und Bergen rausrutschte, ein kleines zurechtgefeiltes Stück Aluminium geschraubt, sodass sich das Segel einfach an der Öffnung vorbeischieben konnte. Die vorbildliche Arbeitsmoral von Andreas gab auch mir die nötige Motivation, den Tag zu beginnen. Ich überwand mich, endlich die Mastlegevorrichtung zu demontieren und mich danach mit meiner Pinne auseinanderzusetzen. Sie bestand aus drei Teilen Holz, die der Länge nach zusammengeleimt waren. Die Verleimung jedoch hatte sich gelöst, und das Holz in der Mitte war derart morsch geworden, dass mit jeder größeren Erschütterung kleine Teile aus ihr herausbröckelten. Die ganzen Einzelteile hielten lediglich durch ein dünnes Seil, mit dem ich alles verschnürt hatte. Das durfte wirklich kein Dauerzustand bleiben. Mit viel Arbeit und Liebe operierte ich die Überreste der alten Verleimung aus dem Holz, säuberte alles und klebte es mit viel Epoxy und einer Schraubzwinge wieder zusammen. Das musste halten. Kritisch müsste man fairerweise aber auch anmerken, dass die Pinne jetzt mehr aus Kunstharz denn aus Holz bestand. Auch bei Andreas hörte der Tatendrang nicht auf. Diesmal kam er mit einem schwarzen Etwas in der Hand rüber, das Ähnlichkeiten mit einem Baseballschläger aus Plastik hatte. Es war sein antiker Pinnenpilot, den er mir ausleihen wollte. Von nun an fuhr ich ein kleines sehr eigenwilliges Monster umher.

Am nächsten Tag half Andreas mir beim Ablegen. In ein paar Stunden würden er und seine Bekannte Gabi nachkommen und mich sicher bald eingeholt haben. Sobald das Wasser frei genug war, setzte ich mich an den Pinnenpiloten. Er wurde zwischen Deck und Pinne gehängt, und an einer Kompassrose konnte die gewünschte Richtung eingestellt werden – theoretisch. Die ersten Versuche gingen total daneben. Wenn ich die kleine Drehscheibe um einen Millimeter bewegte, gab das Ding ein langes Stöhnen von sich und zog mit einem Mal die Pinne unaufhaltsam bis zum Anschlag herum, sodass wir anfingen, uns im Kreis zu drehen. Es hatte etwas von Rodeoreiten. Mit der Zeit aber schaffte ich es, immerhin schon Schlangenlinien zu fahren, und so schlängelte ich mich den Nachmittag durch die Inseln. Derweil ich mich mit der Selbststeuerung abmühte, holte die Slisand von hinten auf, und ich folgte ihr. Wir mussten aussehen wie Jim Knopf und Lukas, der Lokomotivführer, mit ihren Lokomotiven Emma und Molly. Am Abend erreichten wir eine Bucht. Der Eingang lag versteckt, und obwohl ich mich immer dicht hinter Andreas gehalten hatte, war er auf einmal weg. Ich bog um die erste Ecke, entdeckte aber keinen Andreas, dafür ein anderes Schiff, dass ich zu kennen glaubte. Allerdings waren Material und Größe die einzigen Anhaltspunkte, an denen ich Boote auseinanderhalten konnte, und dieses hier war klein und aus Holz – einzigartig eben. Zum Glück bezogen sich meine Zuordnungsdefizite nicht auch auf Menschen, denn der Mann, der dort an Land stand und winkte, war eindeutig Stefan und neben ihm seine Freundin Anne. Wir hatten uns seit Wochen nicht mehr gesehen, und eigentlich hatte ich auch nicht mehr damit gerechnet, ihn überhaupt wiederzutreffen. Doch da stand er, in der gleichen unscheinbaren Bucht, festgemacht an einer Insel. Hatte das noch etwas mit Zufall zu tun, oder war es der Beweis für das Schicksal? Ich ließ die Frage bleiben, es gab mir ja doch keiner eine Antwort darauf. Er stieg in sein kleines Schlauchboot, ließ den Motor an und begleitete mich um die letzte Ecke bis zu Andreas und Gabi. Bisher hatte ich erst einmal versucht, zu ankern, und das war vor Stettin gewesen. Dass wir damals nicht allzu weit vertrieben worden waren, hatte nur an der Windstille gelegen. Auch wusste ich damals noch nicht, dass man den Anker nach dem Auswerfen noch festfahren musste, wie viel Kette man ausbringen sollte und dass ein Ankerlicht durchaus sinnvoll war. All das erklärte mir jetzt Stefan. Obwohl ich es hätte wissen müssen, da ich im Winter erst den Seeschein gemacht hatte. Doch die Theorie hatte ich mir mehr reingeprügelt als nachhaltig pädagogisch angeeignet.

Der Tag war anstrengend gewesen. Ich hatte so viele Meilen alleine zurückgelegt, wie sonst in zwei Tagen und mit Begleitung. Viel Zeit zum Runterkommen blieb mir aber nicht. Eine halbe Stunde später stand Stefan vor meiner Tür, um mich zum Abendessen abzuholen. Gabi und Andreas folgten uns. Es war eine lustige Runde, doch für mich ein ungewohntes Gefühl. Ausnahmsweise war nicht ich die, die niemanden kannte und nur dabeihockte, sondern das verbindende Glied, durch das fünf Leute zusammen auf einer kleinen Insel um ein Lagerfeuer herumsaßen. Alles um uns wirkte auf mich so unecht. Die kleinen

Steine und Inselchen, von denen manche flach und manche riesig aus dem Wasser ragten, darauf Gras und Moos und auf den größeren Bäume und sogar kleine Wäldchen. Auch das Wasser selbst hatte nichts mehr mit dem zu tun, was ich von zu Hause kannte. Es war so klar, dass ich von hier oben aus nur schwer die Wasserlinie als Grenze ausmachen konnte. Durch die Bäume führte ein Pfad, der bei einem Klohäuschen endete, was auch die einzige Bebauung in der näheren Umgebung war. Es war schon recht spät, und ich war vor allem müde, aber die Sonne strahlte immer noch als wäre es mittags um zwölf.

Nach einem kleinen Rundgang durch Stefans Schiff brachte er mich zurück. Jetzt war ich alleine. Andreas und Gabi lagen 100 Meter weiter. Wenn ich durch das Schiff lief, bewegte es sich bei jedem Schritt. Der Anker war der einzige feste Punkt, und im Cockpit sitzend drehte sich die Welt um mich wie ein langsamer Kreisel. Bäume, Wasser, Steine und ab und zu die Slisand kamen an mir vorbei. Meiner Gewohnheit nach musste es schon längst schwärzeste Nacht sein, doch am Himmel war höchstens ein leichtes Dämmern zu erkennen. Die Sonne war untergegangen, und seitdem blieb der Himmel unverändert. Am Horizont sah ich einen weißen und einen gelben Streifen, der Rest war blau. Die Welt schien stehen geblieben und mir so alle Zeit zu geben, dass ich sie mir in aller Ruhe anschauen konnte. Es war fast drei Uhr nachts, und immer noch war nichts passiert. Andreas hatte für den nächsten Tag wieder 60 Seemeilen angekündigt. Ich kapierte einfach nicht, warum er immer so riesige Etappen fahren wollte. Von was wurde er getrieben? Es dauerte lange, bis ich begriff, dass es verschiedene Arten des Reisens gab und dass für ihn eben die Erfüllung im Segeln selbst lag – und das möglichst schnell und weit.

Mein Bett, in das ich irgendwann später kroch, war schrecklich warm. Zwar hatte ich alle Luken aufgemacht, aber der Tag hatte meine alte Dame so aufgeheizt, dass nicht einmal das Wasser als Kühlung ausreichte. Und ich hatte immer gedacht, im Norden würde es keinen Sommer geben! Ich nahm meine Decke und ging zurück an Deck. Der

Anker war verschwunden, ich setzte die Segel und fuhr aus der Bucht hinaus. Es war komplett still. Alles war mit einem Mal schwarz. Jede Bewegung fühlte sich weich an, nur der Himmel war erleuchtet von Millionen Sternen. Ich saß an Deck und das Schiff fuhr von alleine. Die Bucht lag schon weit hinter mir, und um mich herum war nur noch Wasser, das von den Sternen glitzerte. Der Himmel erstreckte sich wie eine Kuppel in alle Richtungen. Der Anblick war überwältigend. So musste die Unendlichkeit aussehen. Ich fühlte mich frei – frei von allem. Es gab keine Erinnerung mehr an irgendetwas. Das Einzige, was es noch gab, war ich selbst und mein Bewusstsein. Ich habe keine Ahnung, wie lange das so ging, es musste eine Ewigkeit gewesen sein. Zumindest so viel Ewigkeit, wie in einem Traum Platz hatte.

Mit dem Morgen kamen nicht nur meine Erinnerungen und mein Zeitgefühl wieder, sondern auch Sonne und Hitze, wovon ich letztendlich aufwachte. Es war gerade mal kurz nach acht. Die anderen mussten schon vor einer ganzen Weile aufgestanden sein, hatten schon gebadet und gefrühstückt. Zum Abschied schloss mir Stefan noch mein Solarpaneel an, das ich von Johannes Erdmann geliehen hatte. Stefan brauchte nur ein paar Drehungen hier und ein paar Drehungen dort, und schon lief es. Seit einem Monat hatte es in meiner Backskiste gelegen. Bei dem Versuch, es selbst anzuschließen, hatte ich vor dem bunten Kabelgewirr gesessen wie ein Fisch vor einem Zauberwürfel und mich lediglich über die ganzen Farben gefreut. Nun war es endlich dran, und dem Lämpchen zufolge funktionierte es sogar. Als Andreas und Gabi sahen, dass ich wach war, kamen sie mit dem Schlauchboot rübergepaddelt und Gabi stieg zu mir an Bord. Gestern hatten wir beschlossen, dass sie bei mir mitfahren sollte, als körperliche und seelische Unterstützung. Ich freute mich, weil ich endlich jemanden an Bord haben würde, dem ich das Boot überlassen konnte. Wir legten ab und ließen die Bucht hinter uns. Im Gegensatz zu gestern Nacht lag jetzt nicht die unendliche Weite vor mir, sondern der ostschwedische Schärengarten, was mir aber im Moment auch lieber war. Die Nähe zum Land hatte doch etwas Beruhigendes. Andreas hatte mal wieder fast keine Segel gesetzt, trotzdem fuhr er uns davon und meldete sich zwei Stunden später per Funk mit seiner Position wieder, auf der er warten würde. Wir kreuzten bei strahlender Sonne zwischen einigen Inseln hoch. Überall waren sie – kleine, große, bewachsene, kahle, hohe, schmale, flache, eckige, runde – und trotzdem gab es keine Regel, wie weit man an sie heranfahren durfte. Als wir gerade eine riesige freie Wasserfläche überquerten, schrie Gabi plötzlich auf. Vor uns hatte sich eine Welle gebrochen. Ich hatte sie auch gesehen, mir aber nichts dabei gedacht, da nirgends eine Tonne oder andere Markierung zu sehen war. Ganz flach umspült, lag da ein Stein im Wasser! Ich riss die Pinne herum. Verdammt, war das gefährlich hier. Mein Puls raste. Ab diesem Zeitpunkt guckte ich mir die Karten noch genauer an. Was auch gut war, denn kurz darauf kamen wir an eine Reihe steiler Felsen. Sie waren weder hoch noch groß, trotzdem bildeten sie eine natürliche Mauer ohne Durchkommen. Wir segelten die Mauer ab, bis wir einen schmalen Durchgang erreichten, der durch rote und grüne Tonnen markiert wurde. Sie schienen keinem logischen System zu folgen. Links rot, rechts grün, das konnte man hier vergessen. Ich nahm einen Stift und spielte auf der Karte malen nach Zahlen. Hinter dem Labyrinth wartete Andreas auf uns, der Schatz unserer Schnitzeljagd.

Von nun an blieben wir in Blickweite. Mir war bisher nicht bewusst gewesen, dass sich zwischen den Inseln überhaupt eine Welle aufbauen konnte. Doch sie konnte, war kurz und hoch und alles andere als angenehm. Gabi übernahm das Steuer, und ich ging nach unten Kuchen backen. Ich hatte schon seit Tagen Lust auf Kuchen gehabt. Zwar schaukelte alles etwas, besonders wenn wir aus dem Ruder liefen, aber vernünftig festgekeilt war es dennoch eine entspannte Sache. Bisher hatte ich noch nie die Zeit oder das Vertrauen gehabt, mich während der Fahrt nicht auf die Fahrt zu konzentrieren. Ab und zu fragte ich Gabi, wo wir waren, und sie berichtete mir die Koordinaten, den Abstand zu Andreas, unsere Geschwindigkeit und wie lange wir noch brauchen würden – so hatte ich mir das vorgestellt. Die Eier waren getrennt, die Zutaten zusammengerührt, der Eischnee untergehoben und der Kocher auf der höchsten Stufe. Jetzt musste ich warten. Ich ging mit einem Buch und einer Decke in der Hand nach oben und setzte mich zu Gabi.

Plötzlich machte es *Peng*, und ein Ruck ging durch das Boot. Ich brauchte eine Weile, bis ich begriff. Wir bewegten uns immer noch, also waren wir nirgends gegengefahren. Der Mast und die Segel standen ebenfalls noch, und auch der Kuchen schaukelte auf dem Kocher weiter vor sich hin. Es war die Pinne! Trotz des Liters Epoxy war der Pinnenausleger rausgerissen. Das Seil hatte sich gelöst, und die Schrauben waren durch das morsche Holz gerutscht wie durch Butter. Gabi hatte schneller reagiert als ich und gleich zur Pinne gegriffen. Während sie weiter steuerte, bastelte ich eine wenig überzeugende Konstruktion aus Tape und Seilen, in der Hoffnung, dass nicht das restliche Holz der Pinne selbst noch nachgeben würde. Ich brauchte dringend eine neue.

Im Hafen von Trosa lag die ALEGRIA. Gabi war ganz aus dem Häuschen, denn es waren Freunde von ihr und Andreas. Wir legten daneben an und setzten uns zu sechs mir fremden Leuten mit grauen Haaren an einen Picknicktisch. Zwei von ihnen waren die Besitzer der ALEGRIA, Evi und Klaus. Der Rest waren holländische Bekannte von den beiden. Eins der holländischen Pärchen wurde mir vorgestellt mit: »Merle, das sind Lutzke und Janne.« Alle waren deutlich in einer anderen Lebensphase als ich.

Dass Lutzke die Frau und Janne der Mann war, bemerkte ich erst viel später am Abend, als wir alle an Bord der ALEGRIA saßen. Andreas hatte seine Gitarre mitgebracht, Lutzke ihr Akkordeon und Klaus stellte ebenfalls Akkordeon, Waschbrett und eine große Sammlung an Liedern, von denen ich die meisten nur aus den Volksmusikabenden der ARD bei meiner Oma kannte. Doch ich kannte sie, und so sangen wir uns durch die Nacht. Irgendwann fragte mich Andreas, ob es nicht seltsam für mich sei, immer nur mit alten Menschen meine Zeit zu verbringen. Alle schauten mich an. Die Frage war durchaus berechtigt, aber um ehrlich zu sein, war es mir noch gar nicht aufgefallen. Natürlich waren die Lieder etwas altbacken, und ich würde mir auch niemals einen Teppich auf den Tisch legen, aber dass diese nette Gesellschaft ein Vielfaches älter waren als ich, wurde mir erst jetzt bewusst. Segler waren zeitlose Wesen für mich. Sie teilten alle die gleiche Sehnsucht, egal, in welchem Alter. Bisher hatte ich auf See noch niemanden in meinem Alter kennengelernt, deshalb konnte ich gar nicht sagen, ob ich es vermisste. Für mich war es nicht seltsam, denn ich fühlte mich hier wohl.

Zwei Tage später legten wir aus Trosa ab. Wir mussten uns ranhalten. Ich hatte einen Flug von Stockholm nach Berlin gebucht, und auch Andreas und Gabi hatten noch weitere Pläne.

Ich war wieder allein. Irgendwie war es doch ein anderes Gefühl, ganz allein zu sein und nicht einmal ein bekanntes Schiff in seiner Nähe zu wissen. Die letzten Tage mit Andreas und Gabi waren wunderbar gewesen. Von Trosa aus waren wir weiter nach Norden gefahren, hatten nachts geankert oder an einer Schäre festgemacht, und ich hatte mich an Kartoffelpuffern probiert, was ohne Reibe gar nicht so einfach war, da die Hälfte der Kartoffeln beim Schneiden vom Brett fiel und in den unmöglichsten Ritzen landete. Es machte mich so glücklich, solch tolle Menschen getroffen zu haben, dass ich beim Abschied weinte, aber erst, als die beiden schon lange zwischen den Inseln verschwunden waren. Für mich war es von hier nicht mehr weit, gerade mal 15 Seemeilen, und sogar das Kreuzen zu Beginn lief besser als gedacht. Ich hatte in der letzten Zeit sehr viel über mich und mein Schiff gelernt, und langsam war eine beruhigende Routine eingekehrt. Mein Ziel für diesen Tag war Norrtälje, etwas nördlich von Stockholm, wo das Schiff die nächste Woche liegen bleiben sollte – ohne mich. Denn ich würde zurück nach Berlin fliegen. Es war nicht so, dass ich keine Lust mehr oder das Heimweh mich übermannt hatte, ganz und gar nicht. Mir tat es im Gegenteil richtig weh, meine alte Dame hier einfach so ihrem Schicksal zu überlassen und in eine Welt zurückzukehren, über deren Richtigkeit ich mir nicht mehr ganz sicher war. Hier war alles einfach, hier war alles schön. Auf der anderen Seite freute ich mich riesig, meine Freunde und meine Familie nach zwei Monaten wiederzusehen. Aber das war nicht der eigentliche Grund, weshalb ich flog. Ich musste wegen einer Zulassungsprüfung für GWK (Gesellschafts- und Wirtschaftskommunikation) an die Uni zurück, und damit es sich auch lohnte, beschloss ich, gleich eine ganze Woche in Berlin zu bleiben. In den letzten Tagen hätte ich mich deshalb sinnvollerweise vorbereiten, mich zumindest mal mit den Begriffen Gesellschaft, Wirtschaft und Kommunikation auseinandersetzen sollen. Aber das Einzige, über das ich in dieser Hinsicht nachgedacht hatte, war die Gesellschaft mit Andreas und Gabi, meine eigene Hauswirtschaft an Bord – die frischen Lebensmittel mussten so eingeteilt werden, dass es genau bis zum letzten Tag reichen würde und nichts übrig blieb – und im Hinblick auf die Kommunikation, dass es der beste Zeitvertreib der Welt sei. Mit dieser Erfahrung in eine Unizulassungsprüfung zu gehen, war fragwürdig. Doch ich hatte eben gerade andere Probleme: Wo ließ man sein Boot am besten für so eine Zeit? Oder besser, wie sollte ich mir das leisten, mein Boot sieben Tage einfach liegen zu lassen?

In der Marina von Norrtälje anzulegen, war traurig und irgendwie auch ernüchternd. Entweder sahen die Leute nicht, dass ich alleine war, oder sie wollten es nicht sehen. Irgendwann rief ich ein paar Jugendlichen auf der Wiese zum Steg zu, mir beim Anlegen zu helfen. Etwas widerwillig erhob sich einer, nahm meine Leine an, und sobald mein erster Fuß an Land stand, war er schon wieder verschwunden, nicht einmal bedanken konnte ich mich. Es war das erste Mal, dass wirklich niemand da war. Niemand bei mir an Bord, niemand am Steg, der mich begrüßte, niemand im Hafen, den ich wiedererkannte.

Egal, wie groß das Bedürfnis war, zu duschen, erst einmal ging ich drei Schritte vom Boot weg, ließ mich auf die Wiese fallen und schlief ein. Ich musste eine ganze Weile dort gelegen haben. Als ich aufwachte, hatte ich einen Sonnenbrand und Kopfschmerzen, außerdem stand die Hafenmeisterin vor mir, um zu kassieren. Ich erklärte ihr, wie lange ich bleiben wollte und dass ich wegfahren würde. Sie meinte nur trocken:

»1200 Kronen!«

»Oh. Aber ich werde nicht an Bord bleiben. Ich brauche weder Toiletten noch Strom.«

Das war ihr schon klar: »Natürlich, das würde sonst auch noch dazukommen.«

So hatte ich mir das nicht gedacht. 1200 Kronen, dass waren rund 120 Euro dafür, dass mein Schiff in der hintersten Ecke an einer grauen Betonmauer direkt an der Straße festgemacht war. Im Verhältnis zu dem, was man im Mittelmeer bezahlte, war es sicherlich ein Witz, aber ich war so etwas nicht gewohnt. Als die Hafenmeisterin gegangen war, ließ ich mich wieder auf den Rasen fallen. Ich hatte keine Ahnung, was ich jetzt machen sollte. Einen anderen Hafen gab es hier nicht, weiterfahren ging auch nicht, weil ich morgen Abend von hier losmusste zum Flughafen. Ich blieb noch eine ganze Weile frustriert auf der Wiese sitzen und hoffte mal wieder auf eine Eingebung. Dann fragte ich die Hafenmeisterin nach einer Alternative, und sie erzählte mir von einem Verein um die Ecke. Der aber würde das Gleiche nehmen. Kurze Hoffnung? Verpufft! – Jetzt aufgeben? Niemals!

Konstruktiv ging ich meine Möglichkeiten durch. Ich konnte 1200 Kronen für eine Marina zahlen, die aber weder schön noch gut geschützt lag. Da würde ich schon erwarten, dass die Hafenmeisterin persönlich während meiner Abwesenheit das Boot zweimal am Tag mit Samthandschuhen streichelte. Oder ich konnte in die nächste Bucht hinüberfahren und an einem der Privatstege festmachen. Oder, und das war der äußerst kreative Vorschlag eines Seglers, den ich getroffen hatte: Ich sollte mich in der Bucht eine Ecke weiter so nah wie möglich ans Ufer herantasten, meine Sachen an Land werfen, wieder in die Mitte fahren, den Anker fallen lassen, ein Schild mit einer Erklärung meiner Abwesenheit und Telefonnummer an die Reling hängen, abschließen und an Land schwimmen. – Bedarf diese Idee noch irgendeines Kommentars?

Die erste Möglichkeit hatte sich ebenfalls von selbst erledigt, also legte ich wieder ab und fuhr in die Bucht rüber, die mit einer Wassertiefe von zwei Metern und der Betitelung »viele Steine« in der Karte eingezeichnet war. Mit einem halben Knoten trieb ich zu den Stegen der einheimischen Boote und machte zwischen ein paar Fischerkähnen fest. Doch der Steg war abgeschlossen. Ich kam einfach nicht runter, nicht einmal klettern ging. Und so löste ich schon nach wenigen Minuten die Festmacher wieder und fuhr zurück. Auf der anderen Seite der Landzunge legte ich in dem Verein neben der Marina an. Auch wenn es das Gleiche kosten würde, wollte ich der Hafenmeisterin nicht die Genugtuung geben, recht gehabt zu haben. Ich legte mich einfach irgendwo hin. Die ganze Aktion hatte schon viereinhalb Stunden gedauert, seit ich die Marina verlassen hatte, und jetzt war ich müde. Für heute sollte mich die Welt nur noch in Ruhe lassen. Doch den Gefallen tat sie mir nicht. Nach viel zu kurzer Zeit schon klopfte der Hafenmeister an den Rumpf. Es war mitten in der Nacht. Konnte er mich nicht einfach schlafen lassen? Er erklärte mir, was ich eh schon wusste. Ich lag in einer Privatbox und sollte umgehend ablegen. An meinem Blick bemerkte er, dass ich da eindeutig anderer Meinung war. Kurz überlegte er, dann kramte er in seiner Tasche, holte sein Handy heraus und ging ein paar Schritte weg. So stand ich die nächste Viertelstunde da und schaute resigniert in die Gegend. Scheiß Welt, scheiß Norrtälje, scheiß Rückflug. Das war ganz eindeutig das Zeichen, dass ich nicht hierbleiben, sondern weitersegeln sollte.

Dann kam der Hafenmeister zurück. Erst jetzt fiel mir auf, was für eine seltsame Gestalt er hatte, mit seiner gebückten Haltung, seinen fehlenden Zähnen und seinem einen Auge, das immer geschlossen blieb. Er machte mir Angst. Gerade hätte er mit dem Besitzer des Liegeplatzes telefoniert, der im Urlaub war und nicht vor nächster Woche zurückkommen würde. Der Besitzer hätte mir erlaubt, seinen Platz nutzen zu dürfen, und lud mich ein, dort bis zu seiner Wiederkehr umsonst zu bleiben. Der Hafenmeister versprach mir zudem, jeden Tag nach meiner LilleMy zu schauen und mich anzurufen, sollte etwas sein. Ja, mit seinem Aussehen und der dazu passenden verwirrenden Art zu sprechen war er eine höchst merkwürdige Gestalt, aber eine liebenswürdige – und die erste und einzige mir hier sympathische.

Als ich am nächsten Morgen meine Sachen packte und mein Schiff abschloss, befand sich in meinem Gepäck gerade das, was man für eine Woche Urlaub mitnahm. Ein paar T-Shirts, eine Hose, ein Rock, ein paar Schlüppis – und eine Pinne.

7.

*»Ich erzähle dir etwas Wahres
Mein Herz und meine Seele ist, was ich finden muss«*

(Lisa Ekdahl – Give me that slow knowing smile)

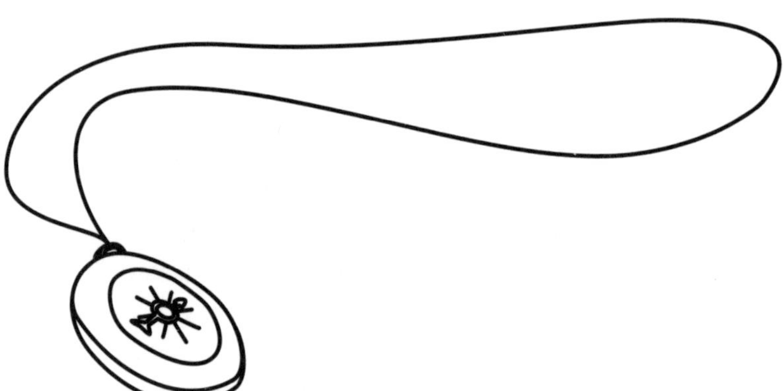

Die Prüfung hatte ich verhauen, aber so richtig. In der Uni zu sitzen und mit 100 anderen fleißigen Menschen über Marketingstrategien und Konsumverhalten zu schreiben, kam mir lächerlich vor. Stattdessen beobachtete ich die anderen Studienanwärter, wie sie tief gebeugt über ihren Tischen hingen, die Hände in einer verkrampften Schnelligkeit über das Blatt scheuchten und in ihren verschwitzten Gesichtern ein unglücklicher Ausdruck von Verzweiflung lag. Fast hatte ich Mitleid. Als ich ging, gab ich zwei Blätter ab. Auf das eine hatte ich ein Dutzend Pfeile gemalt, auf das andere ein paar Rechtecke. Nicht gerade ergebnisorientiert, doch mir war klar geworden, wie sehr ich von diesem Leben entfernt war, das ich so lange für meine Zukunft gehalten hatte. Ich verließ die Uni, setzte mich in die Bahn und fuhr mit meinen Freunden an den See. Die Sonne schien von einem strahlend blauen Himmel, neben mir spielten ein paar Leute Volleyball, andere badeten im Wasser. Ich lag auf einer Decke im Sand und überlegte: Vielleicht war ich einfach noch nicht bereit zum studieren. Als es gegen Nachmittag richtig heiß wurde, rannten alle ins Wasser, nur ich blieb liegen. Ich hasste Wasser, besonders Seen. In ihnen konnte ich keine zehn Zentimeter tief schauen, und bei jedem Schritt wanden sich einem glitschige Algen um die Füße. Meine Freunde lachten mich dafür aus. Da kam ich gerade von einer Segelreise zurück und versuchte ihnen zu erklären, dass ich Angst vor dem Wasser hatte ...

Nach sechs Tagen stand ich wieder am Flughafen. Ich zweifelte, ob es klug war, zurück nach Schweden zu fliegen und die Reise fortzusetzen. In meiner Erinnerung waren all die schönen Momente geblieben, die schlechten hatte ich bei der Hinreise aus dem Flugzeug geworfen. Wenn ich jetzt zurückfuhr, würde ich sicherlich eine Enttäuschung erleben und sich meine idealisierte Vorstellung einer romantischen Welt der Seefahrer und Abenteurer zwischen den verwunschenen Inseln Skandinaviens verlieren. Zur seelischen Unterstützung nahm ich mir zwei Dinge aus Berlin mit: Unter den einen Arm klemmte ich mir meine neue Pinne und unter den anderen Lara, meine kleine Schwester, wobei sie so klein gar nicht mehr war. Bald würde sie 15 werden, und schon jetzt überragte sie mich eine Handbreit.

In Stockholm kamen wir immerhin doch bis zum Bahnhofsvorplatz, dann blieben wir im ersten Klamottengeschäft hängen. Von innen sah es aus, als wäre in einem überdimensionalen Kaleidoskop eine Bombe mit neonfarbenen Legosteinen explodiert – ein Traum. Da ich in Berlin endlich erfahren hatte, dass mein Kontostand noch im Positiven war, schenkte ich mir selbst ein T-Shirt als Willkommenspräsent und versuchte mir einzureden, dass ich sowieso mal wieder ein neues brauchte.

Im Hafen lag meine alte Dame, genau so, wie ich sie verlassen hatte. Sie schwamm noch, obwohl ich vergessen hatte, die Seeventile zu schließen. Als ich die Tür öffnete, war ich wieder zu Hause. Zum Dankeschön ließ ich dem Hafenmeister unsere Vereinsflagge da und einen kurzen Brief, dann legten wir ab und schlängelten uns durch die Inseln Richtung Finnland. Lara versuchte sich an der Pinne und lernte schon bald, geradeaus zu steuern. Sie konnte nicht segeln und hatte sich jahrelang geweigert, ein Boot auch nur zu betreten. Ein wenig hatte ich Bedenken, dass ihr das Ganze hier nicht gefallen, sie sich den halben Tag langweilen und wir uns die andere Hälfte des Tages streiten würden. Das erste Mal fühlte ich richtig Verantwortung. Wenn ich etwas Dummes tat und sie damit in eine gefährliche Situation brachte, würde ich es mir nie verzeihen können.

Von unseren letzten schwedischen Kronen kauften wir uns Kanelbullar – schwedische Zimtschnecken, die wir auf halben Weg zwischen Finnland und Schweden zum Mittagessen naschten. Einen Teil der Strecke lief der Motor zur Unterstützung mit, denn mir war es unwohl, länger als nötig auf dem Wasser zu bleiben. An Land oder in Landnähe war alles in Ordnung, da fühlte ich mich sicher, aber einen halben Tag lang nichts zu sehen, machte mir Angst. Sobald das Land dann endlich wieder sichtbar vor mir lag, überflutete mich stets eine Riesenerleichterung, ungefähr wie beim Hochseilklettern, wenn man in 20 Metern Höhe gut gesichert zwischen den Bäumen hing und wusste, dass nichts passieren konnte, sich aber trotzdem zitternd an den nächsten Ast klammerte und Herzrasen bekam, wenn man ihn loslassen musste.

Wir erreichten Mariehamn, die einzige Stadt auf den Ålands. Die Provinz bestand aus vielen kleinen Inseln, von denen die meisten unbewohnt waren. Im Großen und Ganzen gehörte sie zu Finnland und hatte gerade mal 28 000 Einwohner, bestand aber trotzdem darauf, als eigenständig angesehen zu werden und hatte sogar eine eigene Flagge.

Am Abend schlenderte ich noch ein wenig durch den Hafen. Die Helligkeit ermöglichte es, ganz neue Schlafuntergrenzen zu entdecken – mit fünf Stunden war ich völlig zufrieden. Ich setzte mich auf eine Mauer und schaute raus aufs Wasser. Der Hafen ruhte bereits, nur in einer Ecke hockten noch ein paar Gestalten auf dem Steg. Ich beobachtete sie eine Weile und fragte mich, wer sie waren und was sie hier taten, denn wie normale Segler sahen sie nicht aus. Irgendwann erhoben sie sich, stellten ein paar Sachen in ein flaches Holzboot und kamen in meine Richtung. Sie waren zu dritt: ein langes schlankes Mädchen mit Turban, ein Junge mit zwei blonden Zöpfen und ein kleiner Eskimo. Alle waren sie barfuß, trugen dicke verbeulte Pullover und sahen aus, als kämen sie aus einer anderen Welt. Lachend liefen sie an mir vorbei. Als sie verschwunden waren, wartete ich noch ein wenig, dann ging auch ich ins Bett.

Am nächsten Tag sah ich sie wieder, als ich gerade mit Lara aus der Stadt zurückkam. Sie saßen auf einer Treppe und hatten auf einer Holzkiste einen Kocher aufgebaut. Bei Tag betrachtet, wirkten sie noch sympathischer. Ich zögerte kurz, dann sprach ich sie an. Das Mädchen, das ich am Vorabend für einen Eskimo gehalten hatte, hieß Monia und sprach gebrochen Deutsch. Sie war noch kleiner als ich, hatte ein rundes Gesicht und am Abend mit ihrer dicken Jacke und der Kapuze mit Fellrand wirklich ausgesehen wie der Eskimo auf der Wassereisverpackung. Die anderen beiden waren Ida und Lennart. Sie waren zusammen in Norwegen auf die Schule gegangen. Lennart kam eigentlich aus Finnland und hatte sich in der Schule ein Boot aus Holz gebaut, das sie jetzt zu ihm nach Hause segeln wollten. Lara und ich standen mit aufgerissenen Augen da und glaubten ihnen kein Wort. Deshalb gab uns Lennart eine kleine Führung durch die Cello. Er hatte tatsächlich alles selbst gebaut, vom Biegen der Planken bis zu den Schotblöcken und den Schoten selbst, sogar das Segel hatte er selbst genäht. Wie das ganze Schiff aber funktionieren sollte, blieb mir ein Rätsel. Es war einem traditionellen norwegischen Wikingerschiff nachempfunden, hatte ein quadratisches Segel und vier Paddel. Anscheinend legten sie draußen den drei Meter hohen Mast und ruderten dann in den Hafen. Für die Stabilität lagen ein paar faustgroße Steine in der Mitte, denn es gab keinen Kiel. Sicherheitshalber hatten sie ihre Klamotten und sonstigen Sachen in wasserdichten Säcken verstaut und diese festgebunden.

Jetzt waren sie gerade dabei, Mittagessen zu machen. Kurzerhand verabredeten wir uns bei mir, um zusammen zu essen. Ihre Art zu Kochen begeisterte mich. Sie schnitten alles klein und warfen es dann zusammen in einen Topf – Nudeln, Reis, Gemüse, getrocknete Tomaten, Pesto, eine Packung Frischkäse und den Rest der Flasche Olivenöl. Im Laufe des Nachmittags kamen ständig neue Gäste vorbei, alles Freunde der Norweger. Sie luden uns ein, am Abend mit in die Stadt in eine Schiffskneipe zu kommen. Die Bar lag auf der anderen Seite der Insel und war an Deck eines alten verrosteten Ausflugsdampfers. Wir saßen um einen kleinen Tisch herum, und die anderen unterhielten sich. Ich verstand kein Wort. Aus Rücksicht versuchten sie, Englisch miteinander zu reden, aber schon nach fünf Minuten war es wieder in ein lautes unverständliches Kauderwelsch übergegangen. Zum Glück fing Monia irgendwann an, mir das Wichtigste zu übersetzen. Ich fragte sie, woher sie so gut Deutsch konnte, und sie erzählte, dass früher ein paar Deutsche bei ihr im Dorf gewohnt hatten. Für sie genügte das als Antwort.

Könnte ich alle Sprachen, die in Berlin gesprochen werden, hätte ich wohl nirgendwo in der Welt mehr Verständigungsprobleme.

Wir warteten noch zwei Tage auf weniger Wind und besseres Wetter und folgten dann der CELLO aus dem Hafen. Wir hatten beschlossen, zusammen weiterzufahren, doch das war wieder einmal gar nicht so einfach. Obwohl ... diesmal waren tatsächlich wir diejenigen, die warten mussten! Ich hatte ja immer gedacht, dass meine alte Dame das Boot mit den schlechtesten Segeleigenschaften an der Kreuz sei, doch nun lernte ich ganz neue Verhältnisse kennen. Bei jeder Wende mussten die drei das Segel runternehmen, den Baum auf die andere Seite wuchten und beides wieder hochziehen, wodurch sie in den schmalen Inseldurchfahrten kaum vorwärtskamen. Wir boten ihnen an, sie zu schleppen, doch das hätten wir lieber nicht tun sollen. Scheinbar hatte ich sie mit dieser Frage ernsthaft beleidigt. Wie daneben mein Vorschlag wirklich war und was er eigentlich bedeutete, begriff ich erst viel später. Eine Zeit lang versuchte ich, auf der Karte zu verfolgen, wo wir waren, doch gab es bald schon wieder auf – die anderen würden schon wissen, was sie taten. Gegen Abend entschieden wir uns, an einer Insel festzumachen. Auf halbem Weg zum Steg fiel mir ein, dass wir um einiges tiefer waren als die CELLO und gar nicht so einfach an Land fahren konnten. Sie hatte gerade mal 30 Zentimeter Tiefgang, und wenn sie aufsetzten, musste lediglich einer die Hose hochkrempeln, aussteigen und das Boot wieder runterschieben. Kurz überlegte ich, das Echolot anzuschalten, doch es würde keinen Sinn machen. Zwar wusste ich ungefähr, von wo aus es maß, aber ich hatte keine Ahnung, wie viel dann noch für den Kiel abzuziehen war. Monia stand auf dem kleinen Holzsteg, beäugte fachmännisch von oben den Grund und versicherte uns, dass es tief genug sei. Zur Sicherheit nahm sie noch ein Paddel, steckte es ins Wasser und hielt es anschließend neben sich. Die Wassermarke auf dem Paddel reichte ihr bis zum Kinn, was bei meinem Tiefgang normalerweise locker ausreichen würde, wäre sie selbst nicht nur eineinhalb Meter groß. Wir tasteten uns weiter, und es schien tatsächlich zu passen. Jetzt durfte nur kein Motorboot vorbeikommen, sonst würden wir aufsetzen. Dass sich hier jemand hinverirrte, war aber sowieso eher unwahrscheinlich.

Für die Nacht quartierten sich Ida und Monia bei uns ein. Es gab hier oben so viele Mücken, dass es quasi unmöglich war, zu schlafen, ohne in einer Endlosschleife das nervtötende Surren im Ohr zu haben. Mir fiel wieder ein, dass meine Mutter mir mit der Kiste Putzmittel auch noch eine Kiste mit Dingen geschenkt hatte, die ihrer Meinung nach sinnvoll waren. Unter anderem befanden sich darin Mückennetze. Im Winter hatte ich sie noch ausgelacht, doch jetzt fühlte ich unendliche Dankbarkeit. Wir verschlossen jede Öffnung mit den Netzen und gingen auf Mückenjagd. Es artete in ein brutales Gemetzel aus, und noch Wochen später sah man über all im Boot die roten Striemen als Spuren einer Schlacht, in der das Gute gesiegt hatte.

In den kommenden Tagen erreichten wir die Insel Jurmo. Sie ist eine der östlichsten bewohnten Inseln der Ålands und so klein und abgeschieden von der Zivilisation, dass hier die Menschen und Kobolde noch in Einklang leben.

Seit fast zwei Wochen streiften wir nun schon durch die Gegend und hüpften von Steinhaufen zu Steinhaufen. Auf der Übersichtskarte wirkte die Landschaft zwischen Schweden und Finnland beinahe wie freies Wasser, doch wenn ich mich umsah, lag vor uns alles andere als die offene See. Hier fühlte ich mich geborgen. Überall war es grün, blühten die Wiesen und wuchsen Bäume. Aus unserer Perspektive nahmen wir gar nicht wahr, dass zwischen den Inseln manchmal riesige Wasserflächen lagen und dass wir an sich weit entfernt vom nächsten Festland waren. Doch mit Jurmo hatten wir schon fast Finnland erreicht und den Bottnischen Meerbusen hinter uns gelassen. Die Norweger hatten wir schon früh am Morgen verloren, doch hatten wir uns hier verabredet. Ein Auge ständig auf die Hafeneinfahrt gerichtet, wartete ich den ganzen Tag darauf, sie zu sehen. Es war hier nicht schwer, den Überblick zu behalten, da es selten mehr als zehn Boote in den Häfen gab. Meistens boten sie lediglich eine Möglichkeit zum festmachen und hatten nichts mehr mit den hochmodernen All-inclusive-Marinas Schwedens zu tun. Als die Norweger am nächsten Morgen immer noch nicht da waren, gab ich es auf. Zwei Tage später, als ich die Hafengebühr zahlen wollte, entdeckte ich sie plötzlich. Sie waren am anderen Ende der Bucht und hatten dort auf einem Hügel ihr Zelt aufgeschlagen. Für den Weg hierher hatten sie mehr zu kämpfen gehabt als wir. Denn als es in der Nacht etwas dämmerig geworden war, hatten sie nur noch die Lichter und die Karte zur Orientierung gehabt, ohne zu sehen, was direkt vor ihnen lag. Sie hatten nicht einmal ein einfaches GPS an Bord. Das Einzige, was sie zur Navigation benutzten, war der knopfgroße Kompass, den Monia als Kette um den Hals trug, und der eine Missweisung von 80° hatte. Vor Ida, Monia und Lennart kam ich mir geradezu lächerlich vor. Bisher war mir im Vergleich mit anderen Schiffen immer nur aufgefallen, was ich alles nicht besaß, und meistens wurde ich mitleidig belächelt, wenn ich anfing, mit dem Zirkel über die Karte zu wandern oder für den Wetterbericht ins Hafenmeisterbüro lief. Doch bei den Norwegern war wirklich Handarbeit angesagt. Ich hatte plötzlich das Gefühl, mich rechtfertigen zu müssen, wenn ich mein GPS-Gerät rausholte, wenn ich den Motor startete, weil wir wegen zu wenig Wind rückwärts trieben, oder wenn ich alle paar Tage meinen Rechner anmachte, um meine E-Mails zu checken oder einen Beitrag für den Blog zu schreiben. Ganz zu schweigen von meinem Radio, meinem Waffeleisen, meiner Kamera, meiner Bordtoilette, meinem Salatbesteck und meiner Rettungsinsel, auch wenn deren letzte Überprüfung schon vor zehn Jahren hätte stattfinden müssen und deshalb nicht mehr wirklich zählte. Ich war bisher noch nie auf die Idee gekommen, mir die Frage zu stellen, ob ich nicht eigentlich viel zu viel besaß. Was brauchte ich wirklich, und was war nur Luxus?

An ihrem Zelt vorbei führte ein kleiner Pfad. Während die drei in der Sonne lagen und schliefen, folgte ich dem Weg weiter durch dichte

Gräser und Büsche und kletterte über ein paar Steine bis zum höchsten Punkt der Insel. Der Anblick war unglaublich. Von hier oben konnte ich bis ans Ende der Welt sehen. Es fühlte sich so ähnlich an wie in meinem Traum in Schweden bei Andreas und Gabi, nur war es diesmal echt. Am Abend schrieb ich eine kurze Notiz in mein Skizzenbuch: *Das muss das Glück gewesen sein. Alles, was ich bisher erlebt habe, was mich erfreut oder glücklich gemacht hat, ist höchstens eine billige Schwarz-Weiß-Kopie. Heute habe ich das Glück selbst gesehen. Ich war so erfüllt, ich konnte nicht einmal weinen.*

Später erzählte Lennart von einem Jazzfestival, das in den nächsten Tagen in seiner Gegend stattfinden würde, weshalb sie bis zum nächsten Morgen in Kimitoön sein wollten. Er lud uns ein, mitzukommen. Wir fuhren durch die Nacht und beobachteten, wie die Sonne sich immer weiter dem Horizont näherte, für zehn Minuten verschwand und ein paar Grad weiter östlich wieder aufstieg. Aus dem Abendrot wurde übergangslos Morgenrot. In einer geschützten Bucht ließen wir kurz darauf den Anker fallen, es folgte noch das tägliche Mückentötungsritual vor dem Schlafengehen, dann konnten wir endlich die Augen schließen. Am Morgen wurde ich früh wach, vielleicht durch die Sonne, die das Boot in eine Sauna verwandelt hatte, vielleicht aber auch durch meinen eigenen Geruch. Ich war mir nicht sicher, was schlimmer war. Ich kletterte aus dem Bett, machte fünf große Schritte durch das Boot zum Heck, zog dabei meine Sachen aus und sprang ins Wasser – was für eine Erlösung. Ja, ich hasste Wasser, aber noch weniger konnte ich es leiden, vor meinem eigenen Gestank fliehen zu müssen. Ich war die Erste, die wach war, doch nach und nach kamen auch die anderen ins Wasser gehüpft. Später legten wir unter Segeln ab und folgten Lennart zu der Ferieninsel seiner Eltern. Sie war ungefähr so groß wie ein halbes Fußballfeld. Er war hier aufgewachsen und kannte daher jeden Stein im Wasser persönlich und auswendig. Gekonnt schlängelte er sich durch die enge Zufahrt, sprang an Land und navigierte uns von dort aus um die Untiefen herum. Auf der Insel gab es weder Strom noch fließend Wasser. Dafür eine Blockhütte, in der wir alle Platz hatten, sowie einen gasbetriebenen Kühlschrank. Abends kamen noch ein paar Freunde vorbei, und wir lernten das finnische Nationalgetränk kennen – den Longdrink. Ich hatte es schon öfter auf Getränkekarten von Bars gelesen, doch bis jetzt immer gedacht, dass sie dort außer Cocktails eben auch Longdrinks anbieten würden. Dass es ein eigenständiges Getränk war, hatte ich nicht erwartet. Es war auch sehr simpel: lediglich Grapefruitsaft, Gin und Zucker. Zusammen gab das ein Getränk, das aussah, als würde es im Dunkeln leuchten, und die Finnen tranken es alle und überall. Für Segler gab es den Longdrink auch in Dosen und für die figurbewusste Seglerin die Dose selbstverständlich auch in light.

Die längste Strecke, die wir in den nächsten Tagen zurücklegten, maß sechs Seemeilen und führte uns von der Insel ans finnische Festland zu dem Haus der Eltern. Sie hatten uns alle zum Essen eingeladen. Lennart beschrieb uns den Weg und – ganz wichtig – einen, nein, DEN Stein, an dem wir festmachen sollten. Wenn wir von dort aus der Straße eine halbe Stunde lang folgten und noch ein Stück den Wald hochgingen, würden wir das Haus schon finden. Doch weder Bucht noch der ein mal ein Meter große Stein waren in der Karte verzeichnet. Mit Monias Hilfe fanden wir die Bucht dennoch, nur leider keinen Stein, dafür einen Felsen mit einem Baum drauf, um den wir die längste Leine banden, die wir an Bord fanden. Nach hinten schmissen wir den Anker raus, dann pusteten wir die altersschwache Atlantic auf und paddelten an Land. Geleitet wurden wir nicht nur von der Wegbeschreibung, sondern auch von einem unglaublich leckeren Duft: Das Essen roch schon von Weitem wunderbar. Die ganze Familie war zu Lennarts Wiederkehr gekommen, doch bis auf die Schwester sprach kaum einer ein Wort Englisch. Ich saß seinem Vater gegenüber, und wir versuchten, uns zu unterhalten. Irgendwann fragte er mich:

»Why you only eat gras?« – Warum ich nur Gras esse? Am Tisch fingen alle an zu lachen. Ida hatte anscheinend erzählt, dass ich kein Fleisch essen würde. Für den Vater war das so unverständlich, dass er fragen wollte, warum das so sei.

In der Nacht schlief ich nicht gut. Während meine Schwester schnarchend und mit vollem Bauch neben mir lag, war bei mir nicht an Schlafen zu denken. Erst begann es zu gewittern, dann drehte der Wind und drückte uns auf die Steine. Bei der ersten Berührung saß ich aufrecht im Bett. Es war ein grauenhaftes Geräusch. Einige dumpfe Schläge wartete ich noch in der Hoffnung ab, es würde von allein aufhören. Mein Interesse, aufzustehen und mitten in der Nacht das Schiff zu verlegen, war ehrlich gesagt mehr als gering. Als aber dann noch ein unangenehmes Kratzen dazukam, quälte ich mich aus dem Bett und ging nach draußen.

Vorne stieß der Bug gegen den Felsen, weil der Anker nicht halten wollte, und unten wurden wir seitlich auf einen Stein gedrückt. Ich versuchte, uns an der Ankerleine wegzuziehen, doch statt des erhofften Erfolgs hatte das nur zur Folge, dass ich schließlich den Anker in der Hand hielt. Ich warf ihn so weit ich konnte zurück ins Wasser und klemmte ein Fenderbrett zwischen Bug und Stein. Den Schlag dämpfte es zwar ab, verwandelte die Reibung aber in ein grauenhaftes Quietschen. Bis zum Morgen hatte sich der Wind beruhigt und die Berührungen wurden seltener, was zwar an der Situation selbst nichts änderte, aber doch an meinem angespannten Zustand: Ich konnte mein Bettzeug nach draußen holen und endlich schlafen.

Im Gegensatz zu dieser grauenvollen Nacht, versprach der heutige Tag wunderbar zu werden, ein Tag voller Höhepunkte. Er begann mit einem leckeren Frühstück bei Lennarts Eltern mit Waldbeerenporridge, Rührei und selbst gemachten Brot. Später fuhren wir alle zusammen zum Jazzfestival. Lara und ich machten noch einen Abstecher in den Supermarkt und verabredeten uns mit den anderen vor der Bühne. Als das Konzert begann, hatten wir sie immer noch nicht gefunden, deshalb legten wir uns einfach auf der Wiese in den Schatten unter einen Baum und lauschten der sanften Stimme von Lisa Ekdahl. Wir hatten noch nie von ihr gehört, aber hier schien sie eine wahre Ikone zu sein. Zumindest sang der ganze Burghof mit. Irgendwann fiel mir auf, dass die Leute um uns herum alle gelbe Bändchen trugen und wir die einzigen ohne waren. Anscheinend war es doch keine öffentliche Veranstaltung, wie wir gedacht hatten. Wir waren mit unseren Einkaufstüten einfach reinspaziert und niemand hatte gefragt, vielleicht hatten sie gedacht, dass wir zur Crew gehörten und die Band mit Essen versorgten.

Der letzte Höhepunkt folgte am Abend: das Finale der Fußball-WM. Fußball interessierte mich immer noch nicht wesentlich mehr, aber er hatte mich diesen Sommer so begleitet, dass ein gescheites Ende einfach dazugehörte. Auch Lennart und sein Bruder wollten das Spiel sehen, und so fuhren wir mit dem Motorboot in die Stadt. Wir liefen durch ein paar Straßen, dann betraten wir ein Grundstück und standen vor einem Haus. Lennart klingelte, doch niemand machte auf. Er drückte die Klinke runter und die Tür öffnete sich. Ich folgte den beiden ins Haus, durch den Flur ins Wohnzimmer, wo bereits der Fernseher lief. Das Zimmer selbst war leer. Offensichtlich war niemand da, was die beiden aber nicht störte. Sie boten mir etwas zu trinken an und setzten sich auf das Sofa. Nach und nach kamen immer mehr Leute, um das Spiel zu sehen. Im Anschluss begann dann die eigentliche Party, ohne dass der Hausbesitzer in der Zwischenzeit aufgetaucht war. Seltsame Sitten hatten die hier! Wie auch immer, der Abend war toll, Spanien hatte gewonnen, und mir war es egal. Todmüde fiel ich ins Bett.

Bevor wir Kimitoön wieder verließen, überwand ich mich endlich, das erste Mal joggen zu gehen. Es würde sicherlich auch das letzte Mal werden, doch ich wollte meine Laufschuhe nicht umsonst mitgenommen haben. Außerdem hatte ich im Internet von zwei Mädchen gelesen, die auch gerade in der Ostsee unterwegs waren und die ihren Berichten zufolge immer sehr fleißig am Sport und Meilen machen waren. Gegenüber den beiden kam ich mir wirklich schlecht vor, und um mein Gewissen zu beruhigen, lief ich nun mit Musik in den Ohren einfach immer weiter geradeaus die Felsen hoch und runter, bis ich keine Ahnung mehr hatte, wo ich war. Über immer schmaler werdende Pfade versuchte ich, zurückzufinden, doch alle schienen sie im Sumpf zu enden. Nachdenklich setzte ich mich auf einen Stein und schaute hoch zur Sonne. Die Stadt lag ungefähr südöstlich, und jetzt war es nachmittags, also musste ich so laufen, dass ich die Sonne immer auf meiner rechten Seite hatte. In den letzten Wochen schien ich wirklich etwas gelernt zu haben, denn nach einer Stunde fand ich den Hafen wieder. Anerkennend klopfte mir selbst auf die Schulter, was verdammt wehtat. Erst jetzt fiel mir auf, dass meine gesamte rechte Hälfte rot verbrannt war. Ich sah aus wie ein Brathähnchen, das man vergessen hatte, zu wenden.

Über all diese Erlebnisse in Kimitoön hatten wir komplett die Zeit aus den Augen verloren. Bald würde Lara von Helsinki aus zurückfliegen müssen. Und obwohl wir eigentlich dringend weitermussten, machten wir zum Abschluss noch einen kleinen Abstecher an den Strand. Heute trafen sich alle, die wir hier kennengelernt hatten, am wahrscheinlich einzigen Sandstrand Finnlands. Die Sonne schien von einem strahlend blauen Himmel, neben mir spielten ein paar Leute Volleyball, andere badeten im Wasser. Ich lag auf einer Decke im Sand, ließ mir zum Ausgleich noch meine andere Seite verbrennen und dachte nur, wie wunderbar diese Welt doch sein konnte.

Lennart, Ida und Monia in ihrer selbstgebauten CELLO.

Monia hilft mir beim Ölwechsel.

Auf nach Russland!

Der Vorgeschmack russischer Extravaganz kurz vor der Grenze in Kotka.

Schnell bastelt uns Mama noch eine Einklarierungsflagge aus einem gelben Putzlappen.

In St. Petersburg gibt es einen ganzen Markt nur für Souvenirs.

Markttag.

St. Petersburg bei Nacht. Endlich werden die Temperaturen erträglich.

Die kleine Russischschule – mit diesem Wort lässt sich wohl jede Sprache lernen.

Über den Dächern der Stadt – Serge und Kleb zeigen uns St. Petersburg aus ihrer Sicht.

Flaggenwechsel.

Abschied von Russland.

Haapasaari – die erste und letzte Insel Finnlands.

Tallinn, eine bunte und moderne Stadt …

… mit ganz viel Geschichte.

Die tägliche Ankündigung des täglichen Gewitters.

... und des täglichen Platzregens.

Der Strand von Dirhami.

Einfach super, der lokale Supermarkt.

Helena ist da!

Salacgriva.

Wie ein Chamäleon im Hafen von Riga.

Rigaischer Meerbusen.

8.

»Suche nach dem Schwung
Die Wörter sind in die Luft geschrieben Tanz«

(Lykke Li – Dance Dance Dance)

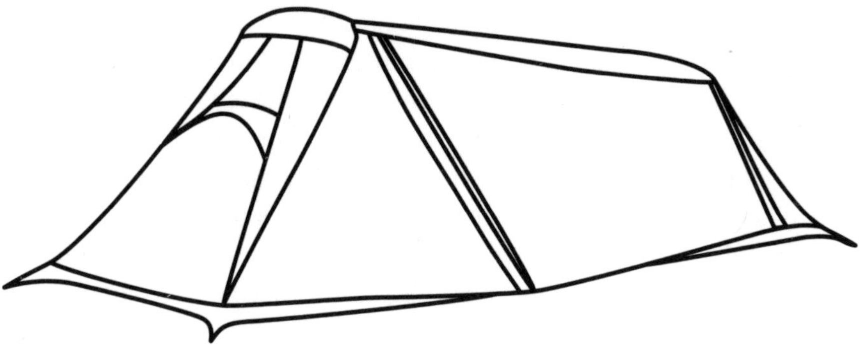

Wir standen an der Straße, hielten den berühmten Daumen nach oben und hofften, dass ein Auto halten würde. Die Straße führte aus Helsinki raus nach Norden, und die Hitze machte schon das bloße Stehen zu einer Qual, deshalb wechselten Lara, Monia und ich uns ab. An einem Kiosk in der Stadt hatten wir uns zur Abkühlung noch ein Lakritzeis geholt. Es hatte eine gewöhnungsbedürftige schwarze Farbe und einen genauso gewöhnungsbedürftigen Geschmack, aber es war kalt. Eine Stunde lang waren wir kreuz und quer durch Helsinki gelaufen, und unsere Füße taten jetzt schon weh, genauso wie die Vorstellung, die 200 Kilometer bis Tampere laufen zu müssen. Irgendwann musste doch einfach jemand anhalten. Zaghaft begann ich mich selbst zu fragen, was ich hier eigentlich tat.

In Kimitoön hatte Monia beschlossen, uns zu begleiten, da sie eh nicht wusste, wie oder wann sie überhaupt nach Norwegen zurückwollte und Helsinki immerhin ein guter Ausgangsort war, um weiterzusehen. Sie erzählte von einer Freundin, die gerade in Finnland unterwegs war und die sie vielleicht besuchen wollte. Mit ihr an Bord beschlossen wir, bis in die Hauptstadt in einem Stück durchzufahren. Nach unserer Berechnung würden wir gerade mal zwei Tage und zwei Nächte brauchen. Ich war total aufgeregt. Kaum dass wir abgelegt hatten, wurden wir jedoch mit einer Flaute bestraft. Unser Dieseltank war wieder mal fast leer, nur mit etwas Glück und dem letzten Tropfen erreichten wir die nächste Tankstelle. Es folgte eine Nacht, in der ich einfach nicht schlafen konnte. Wir wechselten uns an der Pinne ab, doch in den drei Stunden, in denen ich im Schlafsack im Cockpit lag, machte ich kein Auge zu. Ich wusste, dass ich Monia vertrauen konnte, aber ehrlich gesagt hatte ich nicht genug Vertrauen in mich selbst. Dann, am Morgen, als meine Augen fast von allein zufielen, nahm der Wind immer mehr zu, und egal, in welcher Richtung wir die Inseln umrundeten, blies er immer konsequent von vorne. Den ganzen Tag kreuzten wir und wendeten alle paar Minuten, sodass ich auch meinen Mittagsschlaf vergessen konnte.

Irgendwann befand ich mich in einem Zustand, in dem mir alles nur noch egal war, ich komplett resigniert dasaß und einfach stur geradeaus steuerte. Wir waren auf der Suche nach dem Eingang ins nächste dichte Schärenlabyrinth. Laut Karte mussten wir an dem einzigen großen Felsen in der Umgebung links abbiegen. Wir hielten angestrengt Ausschau, konnten ihn aber einfach nicht entdecken. Er sollte doch genau hier sein – ich wurde immer nervöser. Meine Karten waren zwar alt, aber eine Insel, zumal aus solidem Stein, verschwand doch nicht einfach so! Hundertmal kontrollierten wir unsere Position auf dem GPS, tausendmal griffen wir nach dem Fernglas, und permanent suchten wir, die Augen je nach Typ angestrengt halb zugekniffen oder weit aufgerissen, das Wasser ab. Gerade wollte ich wieder zur Karte greifen, die in der Plicht lag, da sah ich ihn. Er war direkt vor uns, oder besser gesagt, wir direkt auf ihm. Eine riesige graue Wand erhob sich direkt in Lee vor unserem Bug. Hätte ich die Nerven gehabt, hätte ich sie mit ausgestreckten Armen berühren können. Wie konnten wir dieses Monstrum bloß übersehen haben? Nach dem Schock war ich fertig mit der Welt. Die ganze Zeit hatten wir nur in Luv gesucht, und keiner war auf die Idee gekommen, unter den Segeln hindurch auf die andere Seite zu gucken. Um ein Haar waren wir frontal in ihn reingefahren. Wie konnte das nur passieren? Ein Problem war sicherlich, dass wir nie wussten, wie weit wir den Karten wirklich glauben konnten. Meine Seekarten für Finnland waren von 1997, die neueren von '98. Niemals hätte ich gedacht, dass sich in 13 Jahren so viel verändern konnte. Doch jetzt zeigte sich, dass es zum Beispiel oft die Tonnen nicht mehr gab, die in den Karten verzeichnet waren. Einige Wege hatten sich geändert und waren neu betonnt worden, und ab und zu ragte plötzlich ein Stein aus dem Wasser, der bei mir noch als harmlose Untiefe eingetragen war. Wenn man aufpasste und mit genug Konzentration dabei war, ging es ohne Probleme, doch das war ich definitiv nicht mehr. Ich übergab die Pinne an Monia und versuchte, mich zum Schlafen zu zwingen. Auch wenn es nur ein Dösen würde, war es besser als nichts. Nach drei Stunden war ich wieder dran. Natürlich hatte ich wieder nicht geschlafen. Irgendein böser Gedanke in mir versuchte mir einzureden, dass sobald ich einschlief, etwas passieren würde.

In der Nacht war es einfacher, ich folgte einem Richtfeuer nach dem anderen. Es war faszinierend, wie zwei Lichter, die meilenweit auseinanderzustehen schienen, irgendwann tatsächlich übereinanderlagen und einen zuverlässiger als jedes Navigationssystem durch die Inseln führten. Vor lauter Begeisterung vergaß ich den nächsten Wachwechsel. Wir würden eh bald da sein, und diesen Moment wollte ich für mich alleine haben. Als wir um kurz vor vier Uhr morgens die Hafeneinfahrt erreichten, weckte ich Monia, die draußen geschlafen hatte, um jederzeit bereit zu sein. Wir legten an und eine riesige Anspannung fiel von mir. Wir hatten es geschafft, wir waren in Helsinki angekommen, eine Stadt, die ich immer mit Eis und endloser Dunkelheit verbunden hatte. Ich holte mir ein Kissen nach draußen und legte mich an Deck, denn im Boot war es jetzt schon nicht mehr auszuhalten vor Hitze. Endlich konnte ich ein bisschen schlafen.

Bereits nach einem kurzen, aber erfrischenden Nickerchen erwachte ich. Gemeinsam überlegten wir, was wir nun tun wollten, jetzt, da wir die große Stadt erreicht hatten. Laras Flug würde erst in vier Tagen gehen, und so entschlossen wir uns, uns gemeinsam mit Monia auf die Suche nach ihrer Freundin zu begeben. Das Einzige, was sie von ihr hatte, war der Name der Stadt, in der sie sich gerade befand. Im Boot kramten wir alles noch Essbare zusammen, zelebrierten ein großes Resteessen und suchten in der Zwischenzeit den Ort auf der Karte. Er lag ungefähr 200 Kilometer weiter im Landesinneren. Wir hatten keine Ahnung, wie wir dort hinkommen sollten, packten einen Schlafsack und zwei Fleecedecken ein und liefen los. Im Rausgehen griff ich noch ein Zelt, das ich aus meiner Woche in Berlin mitgebracht hatte – man konnte ja nie wissen. Quer durch die Stadt trabten wir Monias Kompass hinterher, einfach nach Norden. Nach über einer Stunde laufen fanden wir endlich einen Bus und kauften uns Fahrkarten, so weit unser Geld reichte. Der Busfahrer ließ uns an der ersten Haltestelle vor der Stadt raus. Besonders weit waren wir damit also nicht gekommen.

Und so standen wir jetzt hier in der prallen Mittagssonne, hielten abwechselnd den Daumen hoch und warteten. Wir bekamen viel Gehupe, wildfremde Leute winkten uns freudig aus ihren Autos zu, doch mitnehmen wollte uns niemand. Schließlich hielt ein mit viel Liebe hochglanzpolierter Audi A8, und der Herr in Schlips und Anzug hinter dem Lenkrad erklärte uns, dass es in Finnland verboten war, zu trampen. Doch anstatt der erwarteten Moralpredigt, bat er uns einzusteigen. Schon an der nächsten Tankstelle fuhr er wieder ab, stieg wortlos aus und verschwand hinter einer Ecke. Wir sahen uns um. Abgesehen von dem Tankwart schien der Rastplatz verlassen. Lara wurde unruhig. Auch mir war nicht ganz wohl. Vielleicht war die Idee doch nicht so gut gewesen, einfach bei fremden Leuten einzusteigen. Als der Mann wieder rauskam, hatte er einen Edding und ein Stück Styropor in der Hand. Es wäre besser, meinte er, wenn wir ein Schild hätten, auf dem stand, wo wir überhaupt hinwollten. Damit hatte er nicht ganz unrecht. Ich musste dringend anfangen, mich von meinem Misstrauen zu befreien – es lauerte nicht hinter jeder Ecke das Böse. Irgendwo zwischen Helsinki und Tampere ließ er uns dann an einer Autobahnausfahrt raus. Wieder standen wir an der Straße und warteten, diesmal aber mit Schild. Die Autos fuhren im Sekundentakt an uns vorbei. Aus jedem zweiten winkten uns lachende Menschen entgegen. Sie sollten aufhören zu winken und endlich anhalten, schimpfte ich. Das schien der Cadillac gehört zu haben, der gerade an uns vorbei die Autobahnauffahrt hochfuhr. Er stoppte und rollte die Auffahrt rückwärts wieder runter. In dem Viersitzer saßen vier Rockabillys und grinsten uns ebenso blöd an, wie alle anderen Autofahrer zuvor auch – wir kamen uns verarscht vor. Aber sie meinten es ernst, rückten etwas zusammen und wir zwängten uns dazu, Monia nach vorne zwischen die beiden Frauen mit schwarzlila gefärbten Haaren und Petticoat und ich mich mit Lara auf dem

Schoß auf die Rückbank neben zwei tätowierte Vollblutrocker mit Bart und Sonnenbrille. Sie waren nicht halb so Furcht einflößend, wie sie zunächst ausgesehen hatten und boten uns als gute Gastgeber gleich etwas zu trinken an. Als sie uns in der nächsten Stadt absetzten, war es bereits kurz vor Mitternacht. Hier lag nun wirklich der Hund begraben. Monia und ich saßen frustriert und müde auf dem Bordstein und schauten uns nach einer geeigneten Wiese zum Schlafen um. Lara aber hatte noch keine Lust, aufzugeben. Sie hatte die letzten Tagen mehr als Monia und ich zusammen geschlafen und hopste nun gut gelaunt bis zur nächsten Straßenecke. Kurze Zeit später hielt das einzige Auto, das weit und breit zu sehen war. Als die Frau allerdings bemerkte, dass zu dem kleinen Mädchen noch zwei weitere sowie drei Rucksäcke gehörten, sah sie nicht mehr ganz so glücklich aus. Wir überredeten sie, uns trotzdem mitzunehmen, und stapelten unseren Krempel und ihre Kindersitze auf dem Schoß. Leicht misstrauisch wollte sie wissen, was wir hier in dieser verlassenen Gegend zu suchen hatten. Wir erzählten ihr eine kurze Zusammenfassung von unseren Reisen und wie wir zusammengefunden hatten. Das ließ zwar ihr Misstrauen sinken, dafür aber die Enttäuschung über ihr eigenes Leben steigen: brav und langweilig fand sie es im Vergleich zu unserem.

Endlich in Tampere angekommen, begann es zu regnen. Wir waren schrecklich müde und irrten erfolglos durch die Straßen, auf der Suche nach dem Haus, in dem Monias Freundin wohnen sollte. Als es bereits wieder hell war, fanden wir es endlich. Im Park daneben schlugen wir unser Einmannzelt auf und kuschelten uns zu dritt hinein. Wenn wir auf der Seite lagen, ging es sogar. Kurz darauf wurden wir unsanft von einem Rasenmäher geweckt, der aufdringlich um uns herummähte. Tapfer versuchten wir, weiterzuschlafen, doch hatte es sich der Rasenbesitzer offensichtlich zur Aufgabe gemacht, uns vom Gegenteil zu überzeugen. Nachdem wir im Supermarkt um die Ecke gefrühstückt hatten, besuchten wir Monias Freundin Martha im Theater. Sie nahm an einem Workshop für Bühnenkampf teil, also das, was man sah, wenn sich Schauspieler auf der Bühne scheinbar brutal mit Stöcker, Schwertern oder Fäusten zusammenschlugen, ohne dass es jemanden ernsthaft verletzte. Wir bekamen eine kleine Privatvorführung, und es dauerte gar nicht lange, da war ich in den gemütlichen gelben Sesseln im dämmerigen Licht des Zuschauerraums eingeschlafen. Doch Lara, Monia und Martha wollten unbedingt noch ins Muminhaus, das bald schließen sollte. Sie erklärten mir, dass ich auch noch schlafen konnte, wenn mein Leben grau und langweilig war, und zerrten mich mit sich. An sich war das Museum auch ein Muss für mich, immerhin hatte ich mein Boot nach einer Figur aus den Geschichten der Mumins benannt. Drinnen hingen überall Originalzeichnungen von Tove Jansson, und viele Szenen waren in Lebensgröße aufgebaut worden. Am liebsten hätte ich mich in das Bett zu Mumin-Mama dazugelegt. Den Abend verbrachten wir mit ein paar verrückten Theaterleuten im Studentenwohnheim. Martha bot uns den Keller zum Schlafen an, doch nach einem kurzen Blick in selbigen entschieden wir uns trotz des Regens lieber erneut für einen Platz an der frischen Luft in unserem Luxuszelt. Im Schein einer Straßenlampe putzten wir unsere Zähne und überlegten, wie es jetzt weitergehen würde. Monia erzählte von einer Schwester, die sie hatte, aber nicht wirklich kannte. Sie hatten sich erst dreimal in ihrem Leben gesehen, und das letzte Mal war über zehn Jahre her, doch sie wohnte nur 100 Kilometer entfernt in Lahti. Monia rief sie an, und die Schwester lud uns alle herzlich ein, zu kommen. Am nächsten Morgen drehten wir unser Schild um und schrieben auf die Rückseite »Lahti«. Wir warteten die Mittagssonne im Schatten einer Reklametafel ab, dann hielt endlich ein Transporter. Der Fahrer erklärte uns, dass wir an der falschen Straße standen. Kein Wunder also, dass die Leute uns alle so seltsam angeguckt hatten – ich hatte mir schon Sorgen gemacht, ob wir mittlerweile einfach zu unumgänglich aussahen. Am späten Nachmittag erreichten wir das Haus von Anna. Sie war gerade dabei, eine Party für eine Freundin vorzubereiten. Es gab das leckerste Essen, das ich mir in diesen Tagen nur vorstellen konnte. Die meiste Zeit verbrachten wir am Buffettisch, zusammen mit einem Portugiesen, der hier ebenso wie wir niemanden kannte. Mit ihm spielten wir eine äußerst brutale Runde Jungle Speed nach eigenen Regeln. Es war ein Kartenspiel, bei dem es eigentlich um Schnelligkeit ging, bei uns aber mehr, wer der Stärkere war. Als Krönung des Abends durften wir im Zimmer von Annas Sohn übernachten, und zwischen einem Haufen Vampiren, die uns von Postern an der Wand aus beobachteten, fand ich endlich meine Ruhe.

Ich hatte bis in den Mittag hinein geschlafen, dafür mussten wir uns nun umso mehr beeilen, denn in wenigen Stunden ging Laras Flug von Helsinki zurück nach Berlin. Diesmal nahmen wir zivilisiert den Zug. Beim Aussteigen erklärte uns noch ein sympathischer Finne, dass wir Deutschen alle Nazis wären, dann rannten wir los zum Hafen. Im Boot stopfte Lara alles, was sie auf die Schnelle finden konnte, in ihre Tasche, und schon sprinteten wir wieder zurück zum Bahnhof. Alle meine Bedenken wegen der Fahrt mit ihr waren umsonst gewesen. Nur einmal hatten wir uns in die Haare bekommen, doch das zählte nicht, denn da waren wir beide müde gewesen. Ich war stolz, eine so wunderbare Schwester zu haben, und umso trauriger, sie jetzt gehen zu lassen. Sie weinte, ich nahm sie in den Arm, dann kam der letzte Aufruf. Wieder einmal war ich alleine. Bis meine Mutter in ein paar Tagen kam, würde ich die Zeit nutzen und das Schiff wieder in Ordnung bringen.

Auf dem Rückweg zum Hafen lernte ich Johan kennen. Er arbeitete als Fährmann zwischen der Insel, auf der mein Boot lag, und dem Festland. Er hatte die Aufgabe, zur Mittagszeit all die reichen Leute auf die Insel zu fahren und sie, wenn sie spät abends voll und satt aus dem Restaurant kamen, wieder zurückzubringen. Als die letzten Gäste gegangen waren, kam er mit zwei Bier zu mir rüber und wir spazierten über die Insel. Dann machte er die letzte Fahrt für diesen Tag und nahm mich mit in die Stadt. Es war Samstag und er wollte mir das Nachtleben von Helsinki zeigen.

Als ich am nächsten Morgen aufwachte, stimmte irgendetwas nicht. Das Schwanken fehlte. Ich öffnete die Augen. Das hier war nicht mein Boot, dafür waren die Wände viel zu weiß und zu hoch. Die Tür öffnete sich, und Johan kam ins Zimmer. Er begrüßte mich und deutete auf den gedeckten Frühstückstisch. »The best for a hangover«, meinte er. O ja, das konnte ich jetzt gebrauchen. Wir waren zusammen in einem Club gewesen, und ich hatte viele nette Finnen kennengelernt. Sie hatten dafür gesorgt, dass mein Glas immer voll blieb. Um Punkt halb vier war dann gnadenlos das Licht angegangen, und mit einem Mal standen Massen an blonden Menschen auf der Straße, zumindest sofern sie noch stehen konnten. Draußen traf ich Johan wieder, und weil die erste Fähre erst in ein paar Stunden wieder fuhr, war ich mit zu ihm gegangen. Ich war froh, dass ich auf dem Sofa aufgewacht war.

Zurück auf meiner LilleMy, brachte ich mich erst einmal auf den neuesten Stand des aktuellen Weltgeschehens. Viel war nicht passiert, außer dass Deutschland wieder einen Bundespräsidenten hatte. Dafür bekam ich eine Nachricht von Monia. Sie hatte noch Sachen bei mir an Bord und wollte später vorbeikommen, um sie abzuholen. Wir trafen uns in der Stadt vor dem Kino. Ich war gerade in der Nachmittagsvorstellung von »Twilight« gewesen, einem Vampirfilm für pubertäre Teenager. Niemals hätte ich gedacht, dass ich mir so etwas anschauen würde, erst recht nicht im Kino. Aber die Poster im Zimmer von Annas Sohn hatten mich überzeugt. Der Film war auf Englisch mit Untertiteln gezeigt worden. Leider waren in Finnland sowohl Schwedisch als auch Finnisch Amtssprache, und so war das halbe Bild verdeckt gewesen von gleich zwei Untertiteln.

Von Weitem hörten Monia und ich Musik. Wir liefen durch die Stadt, um zur Quelle zu gelangen. Schließlich kamen wir auf einen Platz, der voller Menschen war. Wir schoben uns durch das Gedränge – egal, was es dort zu sehen gab: Es musste großartig sein. Monia erhaschte einen kurzen Blick auf die Bühne und flippte aus. Denn hier, inmitten der Altstadt von Helsinki, standen Muse, eine Rockband aus

England, deren größter Fan Monia war, wie sie mir versicherte. Das Echo der tranceartigen Melodie hallte von den umstehenden alten Häusern wider.

Eigentlich wollte Monia ja nur ihre Sachen holen, doch nun entschied sie sich, noch zu bleiben, bis ich Helsinki verlassen würde. Zusammen saßen wir auf meinem Deck und versuchten wieder einmal, die Sprayhood zu reparieren. Das linke Fenster hatte sich inzwischen vollständig gelöst. Schon oft hatten wir versucht, es zu tapen, doch nach den ersten Spritzern Wasser löste es sich immer wieder ab. Auch Nähen half nicht mehr. Der Stoff war schon viel zu alt und zu porös, und mit jedem Stich riss der Faden einfach heraus. Ich hatte sogar schon versucht, es mit Sikaflex einzukleben, einem ekligen schwarzen Alleskönner, der sonst meist die edlen Teakplanken auf den Decks miteinander verklebte. Bei mir jedoch klebte am Ende das Fenster immer noch nicht, stattdessen wurde es eine riesige Schweinerei. Als Letztes versuchten wir es mit einer Mischung aus allem. Im ersten Moment sah es gut aus, doch was heißt das schon? Ich war gespannt, wie lange es halten würde.

Im Hafen lernten wir Staffan kennen, er war ebenfalls Aushilfsfährmann und besaß ein Auto, mit dem er uns nach seiner letzten Schicht ans andere Ende der Stadt in einen Segelladen fuhr. Dort fand ich nicht nur die passenden Schrauben und Schäkel, sondern endlich auch die Karten für Russland. Jetzt konnte meine Mutter keine Gründe mehr finden, nicht nach St. Petersburg zu fahren, denn für ein Nicht-Fahren waren sie viel zu teuer gewesen.

Als meine Mutter kam und wir den Freude-über-das-Wiedersehen-Teil abgeschlossen hatten, war ihre erste Frage die nach dem Ölwechsel. Natürlich hatte ich ihn noch nicht gemacht, obwohl sie mich ungefähr tausendmal daran erinnert hatte. Die letzten Tage hatte ich damit verbracht, alles zu richten und ordentlich zu machen und ihn dabei einfach vergessen. Wieder einmal hatte sie auf Anhieb das Einzige gefunden, was ich übersehen hatte. Langjährige Übung, schätze ich. Am Abend saßen wir dann zusammen auf meinem Boot und feierten Abschied. Staffan kam noch vorbei und schaffte es, meiner Mundharmonika Töne zu entlocken, die ich nie für möglich gehalten hätte. Wir konnten ihm jedes uns bekannte Lied sagen, und er spielte es einfach frei heraus – von den Backstreet Boys bis zu den Doors. Dieser Abend war auch der letzte mit Monia. Sie würde zurück zu ihrer Schwester fahren und wir weiter nach Russland. Zum Abschied schenkte sie mir ein Paar Ohrringe mit kleinen handgemachten Segelbooten drauf und meinte:

»Jetzt fängt ein neues Kapitel an.« Wie recht sie hatte. Es war Zeit, das Bälleparadies im Kinderspielland zu verlassen, vor dem nun meine Mutter stand, um mich in die geordnete Realität zurückzuholen. Ich wusste nicht, ob ich Monia je wiedersehen würde – das war, so hatte ich im Laufe der letzten Wochen und Monate gelernt, sicherlich auch das Grausamste am Reisen. Nirgendwo fand man so ehrliche Menschen wie hier, und nirgendwo war ein Abschied so endgültig.

Als wir ablegen wollten, bemerkte ich, dass die Anschlusskarten bis zur finnisch-russischen Grenze fehlten. Für einen kurzen Moment keimte in meiner Mutter erneut die Hoffnung, dass wir doch nicht nach St. Petersburg fahren würden. Ich sagte ihr, dass sie es vergessen könne, lieh mir von unseren Nachbarn die fehlenden Karten und rannte in die Stadt, um einen Copyshop zu finden.

9.

»Doch ist da Büffelpisse und alles ist irgendwie nass«

(Moriarty – Jimmy)

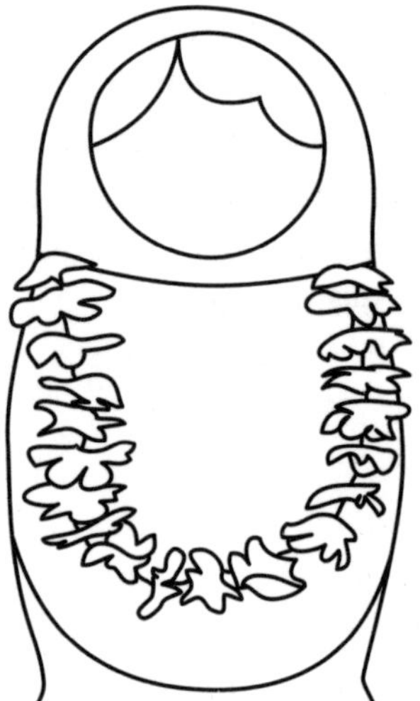

Unfreiwillige Mutprobe – a long way to St. Petersburg

Krtsch!Peng! – Das war das zweite Reff gewesen. Zum Glück war nicht das Segel selbst gerissen, sondern nur die Befestigung am Mast. Meine Mutter fand das alles gar nicht lustig. Sie hatte zwar vor einigen Jahren einen Segelschein gemacht, doch dabei war es auch geblieben. Was sie zudem eher mittelmäßig begeisterte, waren die kopierten Karten, nach denen wir bis zur russischen Grenze fahren würden. Ich hatte mich mittlerweile daran gewöhnt, mit unübersichtlichen Karten umzugehen, ohne darin eine optische Täuschung mit 3D-Effekt zu erwarten, auch wenn die Schwarz-Weiß-Kopien weniger Karte als tatsächlich optische Täuschung waren. Sie bestanden nur noch aus Strichen, ohne dass ein Unterschied zwischen Land und Wasser erkennbar war. Meine Mutter fasste sich an den Kopf und sagte lieber nichts. An sich war meine Mutter nur aus einem Grund mitgekommen: Sie wollte nicht, dass ich alleine nach Russland fuhr. Ein Stapel ausgedruckter Berichte lag vor uns auf dem Tisch, und wir versuchten schon seit Stunden, uns vorzustellen, wie alles ablaufen würde und was wir zu beachten hätten. Vor meinem geistigen Auge sah ich einen Russen, der mit einer Uschanka auf dem Kopf und einer Kalaschnikow in der Hand stumm von einer haushohen Betonpier herunterblickte und mit grimmigem Ausdruck im Gesicht einfach nur zurück in die Richtung deutete, wo wir hergekommen waren und uns tagelang durch Stürme und Unwetter gekämpft hatten. Warum rechnete ich immer mit dem Schlimmsten? Konnte ich nicht einfach an viele tanzende Matrjoschkas denken, die uns willkommen hießen und uns Blumenketten um den Hals legten?

Mit meiner Mutter an Bord würde es etwas anderes werden als mit meiner Schwester oder mit Freunden, und ich war gespannt, ob die ungewohnte Rollenverteilung so selbstverständlich klappen würde. Außerdem war sie eher wenig seetüchtig; selbst beim Autofahren wurde ihr schlecht. Mal sehen ...

Als wir ablegten, hatte es dann auch prompt ein wenig aufgefrischt, und bei der Frage, wie viel Wind wir hätten, war mir klar, dass ich die Wahrheit ein wenig relativieren musste. »Vier Windstärken«, versuchte ich so überzeugend wie möglich zu sagen und blickte dabei in eine andere Richtung. Ich konnte nicht lügen.

Doch alles ging gut und mit einer lediglich gering erweiterten Reparaturliste kamen wir schließlich in Kotka an, unserer letzten Stadt vor der Grenze zu Russland. Weiter am Festland entlanghangeln ging dann nicht mehr, da die einzige Stadt, in der wir anlegen durften, St. Petersburg selbst war. Ich brauchte in Kotka ein paar Tage Zeit, um alles noch einmal durchzusehen. Wieder einmal war ich mir nicht mehr sicher, ob ich mich nicht gerade überschätzte und diesen Törn eigentlich nur unternahm, um allen später die Zunge rausstrecken und sagen zu können: »Ich hab doch gesagt, ich kann das.« War es noch Vernunft – oder einfach nur Provokation? Ich flüchtete in die Sauna, um meine schlechten Gedanken auszuschwitzen und vor der endlosen Liste an Arbeit zu flüchten, denn meiner Mutter fielen immer neue Sachen ein, die unbedingt noch erledigt werden mussten. Zwar hatte sie kaum Ahnung vom Segeln, aber umso mehr Vernunft und Realitätsbewusstsein. So musste ich noch die Positionsleuchten reparieren – vorn und hinten. Außerdem war das Großfall angerissen, das zweite Reff kaputt, die Crewlisten sowie die Liste aller Wertgegenstände an Bord waren noch nicht geschrieben, und der Dieseltank war leer, genauso wie die Ersatzkanister. Doch der wichtigste Punkt war eindeutig der letzte auf der Liste: Vladimir anrufen. Er lebte in St. Petersburg, und wir hatten seine Nummer von einer Schweizer Familie bekommen, die schon seit Jahren immer wieder im Sommer für eine Woche nach Russland fuhr. Sie lagen am Steg gegenüber und konnten uns endlich zuverlässig erklären, was zu tun war, wenn man unter Segeln nach Russland einreisen wollte. Obwohl Hans mir wirklich glaubhaft versicherte, dass die Russen keine kalaschnikowbewaffneten Soziopathen seien, wäre es seiner Meinung nach dennoch besser, wenn wir jemanden hätten, der uns mit der Einreise und den Formalitäten helfen würde. Als meine

Mutter das hörte, legte sie den Kontakt zu Vladimir als Bedingung für die Fahrt fest – ansonsten wolle sie desertieren. War das schon Meuterei?, fragte ich mich.

Kotka eignete sich nicht wirklich als Absprunghafen, da hier weder die Läden noch die Tankstelle geöffnet waren. Also improvisierte ich einmal mehr mit dem, was sich in den Tiefen meiner Hundekoje angesammelt hatte. Ich stellte fest, dass ich mit dem Inhalt wahrscheinlich einen ganzen Überseetanker vor dem Untergehen retten konnte. Kein Wunder, dass wir hinten etwas schräg im Wasser hingen.

Nach und nach hatten wir alles abgearbeitet. Das Einzige, was sich jetzt nicht mehr aufschieben ließ, war der Anruf bei Vladimir. Im Winter hatte ich unter anderem in einem Callcenter gearbeitet, wo ich die ruhmreiche Aufgabe hatte, Handyverträge zu verkaufen. Die Verkaufsmethoden waren an der Grenze des moralisch Vertretbaren gewesen, und ich war froh über jeden intelligenten Menschen, der einfach auflegte. Ich war nicht nur nicht gut in diesem Job, ich war richtig schlecht. Mein Geld hatte ich zum Glück trotzdem bekommen, zusammen mit einer ausgewachsenen Telefonierphobie, was Telefonate mit Fremden betraf. Doch meine Mutter war unerbittlich mir gegenüber: Wenn ich nach Russland wollte, würde ich mich selbst darum kümmern müssen.

Ich wählte. Kurz darauf meldete sich Vladimir am Telefon, und mit einem Mal verpuffte jeder verständliche Zusammenhang einer logischen Subjekt-Prädikat-Objekt-Satzkonstruktion. Ich stammelte irgendetwas mit »I«, »me«, »we«, »Russia« in den Hörer. Als wir schließlich auflegten, war ich mir nicht sicher, ob er nun wusste, was ich von ihm wollte – im Grunde wusste ich es ja ebenso wenig. Nach unserem Gespräch versuchte ich mich zu erinnern, was er gesagt hatte. Irgendwann sollten wir ihm eine SMS schreiben, irgendwo den richtigen Durchgang nehmen und richtig abbiegen, irgendwelche Unterwasserhindernisse nicht übersehen und ihm dann irgendwann noch mal eine Nachricht schreiben.

Keine Frage, jetzt war es an der Zeit, sich endlich mit den Seekarten zu befassen. Hinter Kotka, der letzten Stadt, gab es noch Haapasaari, die letzte Insel. Der Weg dorthin sparte uns für die Überfahrt selbst vier Stunden. Noch einmal zweifelte ich, dann gab es kein Zurück mehr. Der Wind der vergangenen Tage hatte sich gelegt, nunmehr lag vor uns eine Totenflaute, die fast unheimlich war. Aber lieber kein Wind und Motor, als zu viel Wind und zerrissene Segel. Eine halbe Stunde später drehten wir wieder um. Wir hatten vergessen, uns am Zoll abzumelden. Bisher hatte ich das noch nie machen müssen und es vor Aufregung glatt übersehen. Als wir erneut die Leinen lösten, war es schon kurz nach zwölf.

Zu Weihnachten hatten mir meine Eltern die Gastlandflaggen aller Länder geschenkt, die ich besuchen wollte und von denen ich ungefähr die Hälfte nicht einmal zuordnen konnte. Ich war mir nicht sicher, ob es von ihnen nur eine Provokation gewesen war, denn zu dem Zeitpunkt war ich noch weit entfernt von einem eigenen Boot. Doch jetzt hatte ich eins und saß in der Plicht mit der Flagge für Russland in der Hand und überlegte krampfhaft, welche Seite nach oben gehörte: die rote oder die weiße. Wie peinlich wäre es, die Flagge falsch herum zu setzen! Sie würden es als Beleidigung auffassen und uns umgehend nach Sibirien schicken. Von den Schweizern hatte ich gehört, dass wir zusätzlich noch eine gelbe setzen sollten, um zu zeigen, dass an Bord alles in Ordnung war und wir gerne einklarieren wollten. So eine besaß ich nicht, aber in meiner Putzkiste fand ich einen gelben Reinigungslappen, dazu Faden und Schere. Meine Mutter schnitt mit der Schere aus dem Lappen ein Rechteck in Größe der Gastlandflagge und band den Faden daran. Nun konnte uns wirklich nichts mehr passieren.

Unterdessen wurde Haapasaari hinter uns immer kleiner, und die gefürchtete Grenze lag nur noch eine Stunde vor uns. Aus weißem Dunst erhob sich eine Insel am Horizont, die erste auf russischem Gebiet. Auf ihr stand eine alte graue Platte, ein Wohnsilo, wie es langweiliger und deprimierender nicht sein kann. Wer baute etwas so Hässliches? Den Nachmittag durch fuhren wir stur geradeaus – nichts veränderte sich. Die Sonne schien durch einen dichten Nebeldunst, und auf dem Wasser war nicht einmal die kleinste Bewegung zu sehen. Ab und zu kam eine Boje vorbei und verschwand wieder. Würde es so bleiben, ich hätte kein Problem damit. Wir kochten, besprachen den Wachplan für die Nacht, hörten Musik und sangen dazu. Es machte Spaß, den Tankern neben uns im Verkehrstrennungsgebiet zuzuschauen, wie sie alle brav in einer Reihe fuhren. Zunächst hatte ich Angst vor ihnen gehabt, aber nachdem uns die ersten ausgewichen waren, flammte ein kleines Gefühl von Größe und Macht in mir auf. Die Sonne ging unter. Endlich setzte ein wenig Wind ein. Den ganzen Tag hatten wir herrlich warmes Wetter gehabt, in Finnland waren es 35 °C gewesen, und Moskau war umgeben von Waldbränden. Aus den Lautsprechern lief schon zum fünften Mal die einzige CD, die ich an Bord besaß, und meine ganze Anspannung war einer unbeschwerten Vorfreude gewichen. Es war kurz vor elf und bereits erstaunlich dunkel. Das monotone Geräusch des Motors machte mich schläfrig, und ich musste aufpassen, nicht wegzunicken. In einer Stunde würde endlich Mama die Wache übernehmen.

Der Wind nahm zu. Langsam zunächst, dann wurde er immer stärker, es fing an, in dicken Tropfen zu regnen. Mit einem Mal war es wieder taghell, wenn auch nur für eine Sekunde, dann wurde es wieder finster. Im selben Moment ertönte ein Donnern, so laut und durchdringend, als würde eine Bombe neben uns ins Wasser einschlagen. Dann wieder Stille, in der ich hörte, wie mein Herz raste. Stocksteif saß ich da: ein Gewitter. Und das hier. Ausgerechnet! Ich hatte mich nie wirklich darüber informiert, was bei Gewitter zu tun war, weil ich beschlossen hatte, wenn Unwetter angekündigt waren, einfach nicht rauszufahren. Doch jetzt steckte ich mittendrin. Rings um mich herum blitzte es immer häufiger. Es wollte gar nicht mehr aufhören. Das Gewitter hatte direkt über uns eingesetzt, und genau da blieb es auch für die nächsten Stunden. Ich versuchte verzweifelt, einen Ausweg zu finden, doch es gab keinen. Nach vorne und nach hinten hatten wir jeweils zwölf Stunden bis zum Land. Meine Mutter und ich saßen eng umschlungen in der Plicht, so nah es ging am Niedergang, und warteten. Meine Mutter hatte ihre Hand auf meinem Bein, und ich klammerte mich an ihrem Arm fest. Ich zitterte am ganzen Körper, und sobald sie ihren Griff etwas löste, bekam ich Panik. Es war eine Angst, wie sich nachts in einem dunklen Wald voller hungriger Wölfe zu verirren, nicht zu wissen, in welche Richtung man laufen musste und überall um einen herum das unheimlich Knacken von Ästen zu hören. Und das Schlimmste war, dass es kein Ende nahm. Es blitzte und donnerte immer weiter. Links von uns fuhren die Tanker, und ich hoffte inständig, dass sie uns in der Dunkelheit nicht übersahen. Auf unserer rechten Seite, wo das Land gar nicht weit war, lagen so viele Steine, dass es auf der Karte durch die Kreuze aussah wie ein Massengrab. Was sollten wir tun? Umdrehen? Weiterfahren? Wieder einmal gab es niemanden, den ich fragen konnte. Wir hatten alles Elektronische ausgeschaltet und sogar das GPS aus der Steckdose gezogen. Jetzt blieben mir nur noch die Tonnen zur Orientierung. Den Kompasskurs hatte ich ungefähr noch im Kopf. Zusammengekauert saßen wir da. Das Gewitter hatte mir jede Vernunft genommen. Ab und zu versuchte meine Mutter, mich zu beruhigen, indem sie Sachen sagte wie: »Die Blitze würden eh nur in die großen Tanker einschlagen«, oder: »Es wird nicht mehr lange, anhalten, Gewitter dauern nie lange, und bald schon ist alles vorbei«. Doch an ihrer Stimme merkte ich, dass sie selbst nicht von dem überzeugt war, was sie sagte. Wir wussten beide, dass es nicht stimmte. Ein Blitz schlug ein, wo er Lust hatte, dafür waren wir viel zu weit von den großen Schiffen entfernt. Wenn ein Blitz uns traf, würde er vom Mast bis zum Rumpf geleitet werden, der Druck vermutlich ein Loch ins Unterwasserschiff reißen, und das Boot würde untergehen. Dennoch half es, an die Worte meiner Mutter zu glauben, und so klammerte ich mich an dem Gedanken fest. »Sieh mal, da vorne«, flüsterte Mama nach einiger Zeit und deutete vor uns an den Himmel, »die Wolken lichten sich schon wieder. Es sind sogar Sterne zu sehen.« Es war das Schönste, was ich mir gerade vorstellen konnte. Ich blickte zum Himmel und bekam wieder Hoffnung, doch nach zwei verheißungsvollen Minuten hatte er sich auch schon wieder zugezogen.

Ein Blitz schlug ins Wasser ein. Meine Finger krallten sich noch stärker in die Oberschenkel meiner Mutter. Auf einmal wurden wir auf die Seite geworfen. Unten im Boot schepperte es. Die halbe Küche, unser Mittagessen und alles, was nicht richtig verstaut oder verzurrt war, flog auf die gegenüberliegende Bordwand und lag dann auf dem Boden und den Polstern hinter dem Tisch verteilt.

Es war eine Welle gewesen, nur eine einzige, dafür aber riesige, und ich hatte keine Ahnung, wo sie auf einmal hergekommen war. Ich war am Ende. Schlafen würde diese Nacht mit Sicherheit keiner von uns. Der Wind kam weiterhin von vorne, und wie in einem Mantra sagte ich mir immer den gleichen Satz, bis die Sonne aufging: »Bald ist es vorbei, es ist nur ein Wetterleuchten.« Es war eine nicht enden wollende Nacht, die längste meines Lebens.

Im Morgengrauen sahen wir weit voraus eine Insel, das musste Kronstadt sein. Die letzten Blitze zuckten über den Himmel, während vor uns die Sonne aufging. Sie sah so klar und unschuldig aus, dass ich sie dafür hassen wollte. Langsam löste ich mich aus meiner verkrampften Haltung – die Verspannungen im Rücken würde ich sicher noch ein paar Tage lang spüren. Die ganze Nacht hatte ich mir verboten, zu weinen, und jetzt ging es nicht mehr. Es war vorbei, wir hatten es geschafft.

Kronstadt war die vorgelagerte Militärinsel von St. Petersburg. Wer in die Stadt reinwollte, musste an ihr vorbei, dafür hatten die Russen gesorgt. Zu beiden Seiten der Insel zogen sich kilometerlange Betonmauern durch das Wasser bis zum Festland, das man von hier gar nicht sah. Vor Kronstadt lag ein ganzes Heer von Tankern und Kreuzfahrtschiffen. Wir fuhren im Slalom an ihnen vorbei, bis wir den Durchgang durch die Betonmauern erreichten. Ich hatte gedacht, dass wir jetzt angekommen waren. Dass wir von hier noch weitere sechs bis sieben Stunden brauchen würden, hatte ich nicht erwartet. Wir fuhren an Kronstadt vorbei, und es hatte sich immer noch niemand von der Küstenwache für uns interessiert. Noch eine Stunde steuerte ich, dann wechselten wir, und ich schlief auf der Stelle ein. Als ich wieder aufwachte und mich hinsetzte, sah ich hinter uns ein Segelschiff näher kommen. Es waren die Schweizer. Sofort stieg ein Gefühl von Vertrautheit in mir auf. Sie waren ebenfalls durch das Gewitter gefahren, hatten sich zwar auch nicht unbedingt wohlgefühlt, aber Hans meinte nur trocken: »Man hätte ja eh nichts anderes machen können.« So starke Nerven hätte ich auch gerne gehabt. Vielleicht gab ihm ja das doppelt so große Schiff das Selbstbewusstsein, das mir fehlte. Jetzt verlangsamten sie ihre Fahrt, und wir folgten ihnen, vorbei an den Unterwasserhindernissen eines nur noch teilweise sichtbaren Wellenbrechers, bis zur Zollpier. Es hatte immer noch keinen Funkkontakt gegeben, und auch das Schiff der Küstenwache, das angeblich zu uns kommen sollte, war nicht erschienen. Auf der einige Meter hohen Mauer aus Beton jedoch stand ein Mann vom Zoll. Er trug auf seiner rechten Seite eine Pistole, auf seinem Kopf eine Mütze und in seinem Gesicht einen grimmigen Blick. Vielleicht hatte ich mit meinen Horrorvorstellungen doch nicht ganz falsch gelegen.

Nach endlos vielen Zetteln, die ich mithilfe von Vladimir und Hans im stickigen Zollgebäude ausgefüllt hatte, mussten wir noch weitere zwei Stunden bis zum Sportboothafen fahren, den wir mit unserem Schiff bis zum Ausklarieren auch nicht mehr verlassen durften. Als wir im Yacht-Club Krestovsky endlich festmachten, war es 20 nach drei. Wir waren 27 Stunden unterwegs gewesen. Die Mischung aus Angstschweiß, Hitze und zu wenig Schlaf, die an mir klebte, war unerträglich, deshalb ging ich im Hafen erst einmal duschen. Für den Rückweg war klar: Lieber hatte ich Stress mit den Behörden, weil ich zu lange blieb und mein Visum abgelaufen war, als noch einmal durch ein Gewitter zu fahren.

Am nächsten Morgen wurde ich von einem Dröhnen geweckt, das mein Boot vibrieren ließ. Verschlafen, verstrubbelt und verwirrt setzte mich auf und schaute aus der Luke. Es war ein Hubschrauber. Er landete direkt vor dem Hafengebäude, und ein Mann stieg aus, schloss den Hubschrauber ab und lief zu seiner Motoryacht. Ach, so lief das hier!

Nach dem Frühstück fuhren wir mit der U-Bahn in die Stadt. Auf dem Nevskji Prospekt, dem Ku'damm von St. Petersburg, lief das Leben Marathon. Überall waren Menschen, Hunde, Autos, Busse, noch mehr Menschen und noch viel mehr Autos. Am Auffälligsten waren die Frauen, die sich anzogen, als würden sie gerade auf eine Party gehen, auch wenn es erst morgens um zehn war. Ihre Schlafanzüge würden meine Sonntagsgarderobe sein können. Dagegen kam ich mir vor wie ein kleines zerzaustes Gnu in einer Herde eleganter Giraffen. Als wir in die erste Seitenstraße bogen, verschwand der aufgesetzte Zauber, und eine viel sympathischere Stadt lag vor uns. Ich sah all die Häuser, die langsam zerfielen, weil sich keiner um sie kümmerte. Trotzdem wohnten Menschen in ihnen. Meine Mutter freute sich über meine Fassungslosigkeit und erinnerte mich, dass es nach der Wende überall in Ostberlin so ausgesehen hatte und dass das noch gar nicht so lange her war. Für mich schon, denn damals war ich noch nicht geboren.

An vielen Plätzen und Metrostationen standen alte Frauen, die Beeren oder Obst verkauften, gerade so viel, wie sie tragen konnten, denn die Rente war mit umgerechnet 40 Euro pro Monat reichlich knapp bemessen, und billig war hier außer Backwaren wirklich nichts. Wie in jeder Großstadt, gab es auch hier einen McDonald's. Doch so was konnte sich hier nicht durchsetzen. Stattdessen stand an jeder Straßenecke ein »Teremok«. Es war im Prinzip das Gleiche, nämlich fettiges Junkfood, nur eben auf Russisch. Ganz landestypisch hatten sie sich auf Bliny spezialisiert, russische Pfannkuchen. Es gab sie mit allem: Hackfleisch, Lachs, Kirschen, Moosbeeren, Käse, Kondensmilch und natürlich auch Krautsalat. Dass die Russen eigentlich für Vodka berühmt waren, vergaß ich bei dem ganzen Angebot vollkommen, erst als wir in einem Getränkeladen vor einer Vodka-Wand standen, fiel es mir wieder ein.

Den kompletten ersten Tag verbrachten wir auf einer Bank vor einem Springbrunnen. Es war Ende Juli und mit 40 °C im Schatten einfach zu heiß, um sich auch nur irgendwie zu bewegen. Stattdessen beobachteten wir die Menschen und das Geschehen um uns herum. Erst abends, als die Temperaturen wieder erträglich waren, gingen wir los, die Stadt anschauen. Jedes Mal, wenn wir nach dem Weg fragten, in einen Bus einstiegen oder eine Kassiererin uns verzweifelt ansah, weil weder sie Englisch verstand, noch wir Russisch, hörten wir im nächsten Moment ein »Can I help you?«. So viel Aufmerksamkeit und Verständnis wünsche ich den Ausländern in Berlin auch.

Am nächsten Tag besuchten wir endlich die Eremitage, ein Museum vergleichbar mit dem Louvre oder dem Metropolitan Museum of Art. Wir standen eine Ewigkeit an, und dank meines abgelaufenen Schülerausweises aus Brandenburg, auf dem in Russisch »Schülerausweis« stand, kam ich umsonst rein. Hier in der Eremitage zu stehen, vor einem zweieinhalb mal vier Meter großen Matisse, war mein Traum gewesen und der ursprüngliche Gedanke, aus dem diese Reise entstanden war. Im letzten Schuljahr hatten wir lange überlegt, wo wir zur Abschlussfahrt mit dem Kunstkurs hinfahren konnten. Der Großteil wollte nach St. Petersburg, doch scheiterte die Idee an ein paar unnötigen Gründen, unter anderem weil es hier zu gefährlich und unsicher sein sollte. Doch die Einzigen, die hier meiner Meinung nach Angst haben mussten, waren die 400 Jahre alten Rembrandts, die in schlecht klimatisierten Räumen standen und von einem blitzenden Fotoapparat nach dem anderen gefoltert wurden.

Auf dem Rückweg vom Museum zur U-Bahn kamen wir an einer riesigen Menschenmenge vorbei, der ein Haufen Polizisten gegenüberstand. Ich fragte ein paar Leute, die neben uns die Hälse reckten, was hier passierte. Jeden letzten Tag im Monat würden sich hier Menschen treffen, um gegen die Ungerechtigkeiten im Land zu demonstrierten, klärten uns Serge und Kleb auf, die aus Sibirien kamen. Kaum hatten sie zu Ende geredet, wurden wir von der Masse mitgerissen. Die Polizisten liefen in die Menschen hinein und fingen an, mit ihren Knüppeln um sich zu schlagen. Sie drängten immer weiter, genau auf uns zu. Das hatten wir davon, dass wir so neugierig waren. Im letzten Moment zogen Serge und Kleb uns hinter eine Säule. Wir sollten besser aufpassen, meinten sie, und boten an, uns etwas von ihrer Stadt zu zeigen, da es hier jetzt eh langweilig geworden wäre. Wir folgten ihnen, sammelten unterwegs noch Serges Mutter auf und blieben schließlich vor einem Haus stehen, das ebenso baufällig aussah wie alle anderen. Sie wollten uns die Stadt von oben zeigen. Die beiden Mütter sahen sich mit einem vielsagenden Blick an, der jede Sprachbarriere zu überwinden schien. Ich folgte Serge und Kleb in den fünften Stock unter das Dach. Es war abgeschlossen. Ich drehte mich um und wollte wieder runtergehen, doch Kleb, der an einem Fenster lehnte, sah mich an.

»Was ist los?«, fragte er lachend, »wir sind Russen, wir können alles.«

Ich blieb stehen und wartete. Zu zweit waren sie stark und geschickt genug, und tatsächlich sprang die Tür nach kurzer Zeit mit einem lauten Scheppern auf. Der Ausblick vom Dach war umwerfend, und wir kletterten erst wieder runter, als es zu Gewittern anfing, wie scheinbar jeden Tag. Zusammen mit den beiden lief ich im strömenden Regen durch die Stadt, und sie brachten mir bei, wie man hier Bier kaufte und mit welchen Argumenten auf Russisch ich sicher keine Auseinandersetzung verlieren würde. Ich fühlte mich hier richtig wohl und verstand nicht, warum überall so ein schlechtes Bild von den Russen verbreitet wurde.

Schneller als mir lieb war, war die Woche auch schon wieder vorbei, doch bevor wir St. Petersburg verließen, tankten wir noch an einer überteuerten Tankstelle im Hafen, wo wir ganze 50 Cent pro Liter zahlten.

Die Rückfahrt wurde völlig unspektakulär, wofür ich sehr dankbar war. Bei Sonnenaufgang machte ich mir Musik an, um wach zu bleiben. Als ich von der Karte auf meinem Schoß wieder aufblickte, schoss gerade ein schwarzes Motorboot auf uns zu. »Stop the engine!«, schrie mir ein Uniformierter entgegen. Offensichtlich hatte die Küstenwache bereits seit einer Stunde versucht, uns anzufunken, doch ich hatte sie wegen der lauten Musik nicht gehört. Ich hatte ein schlechtes Gewissen und entschuldigte mich. Sie baten darum, dass wir uns das nächste Mal doch bitte abmelden sollten, und schon waren sie wieder verschwunden und wir fast auf Haapasaari.

Eigentlich war unser Plan gewesen, direkt nach Estland weiterzufahren. Doch nach einer Stunde langwierigen Kreuzens nach Süden drehten wir ab und fuhren nach Norden – zurück nach Helsinki. Kurz vor dem Ziel mussten wir durch eine unbefeuerte Enge zwischen zwei Inseln. Außerhalb der Fahrrinne hatte das Wasser eine Tiefe von einem halben Meter. Es war bereits halb eins und mal wieder stockduster, deshalb stand meine Mutter vorne am Bug und versuchte, mit einer Taschenlampe die Tonnen zu finden. Doch nach der zweiten waren bereits die Batterien leer. Alles war schwarz. So musste es sich anfühlen, wenn man plötzlich blind war. Von hinten schoben Wind und Wellen uns immer schneller vorwärts, deshalb ließ ich den Motor an und legte von Zeit zu Zeit den Rückwärtsgang ein. Für die Strecke, für die wir am Tage zehn Minuten brauchten, benötigten wir nun eine ganze Stunde. Zur Krönung endete die Reise kurz vor unserem Ziel an einer geschlossenen Brücke, die erst am nächsten Tag wieder aufmachte. Dass der Strom ausgefallen war und es während der ganzen Zeit gewitterte, war schon fast Nebensache. Ich zündete ein paar Kerzen an und setzte mich.

10.

»Ich kann mit allen zehn Füßen in zwanzig Türen
Und mit dem elften in der Nase Ballet aufführen«

(Wir sind Helden – Müssen nur Wollen)

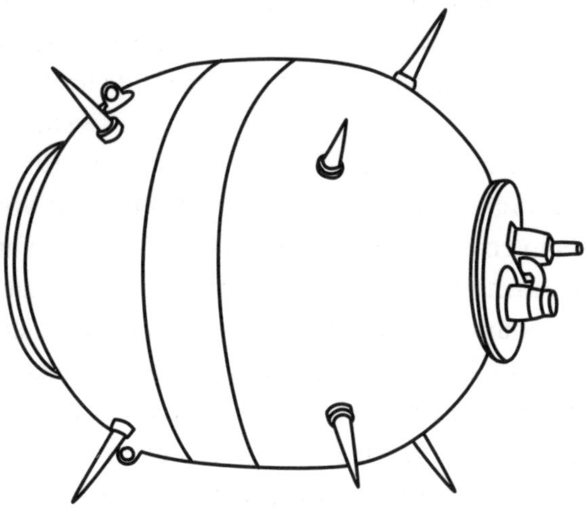

Ich saß an Deck über meine blaue Spülschüssel gebeugt und wartete. Hätte ich am Morgen des achten August mein Horoskop gelesen, hätte dort wahrscheinlich Folgendes gestanden:

»Der Kosmos bildet heute keinen positiven Winkel zu Ihrer Geburtssonne. Uranus, der dritte Saturnring und ab Nachmittag auch Jupiter stehen in einer ungünstigen Konstellation. Verlassen Sie daher nicht Ihr Haus, am besten nicht einmal Ihr Bett. Für gute Stimmung im Job würde heute Venus sorgen, wäre nicht Sonntag und hätten Sie überhaupt einen. Überprüfen Sie daher in nächster Zeit alle Fakten ihrer finanziellen Angelegenheiten und vermeiden Sie unnötige Ausgaben. Vermissen Sie Ihren Partner? Dann müssen Sie wohl heute damit fertigwerden – alleine im Bett. Im Übrigen sollten Sie etwas für Ihre Stimmung tun. Die könnte nämlich besser sein.«

Am Morgen war meine Mutter gefahren. Sie war ganz leise aufgestanden, hatte mir über die Haare gestrichen und einen Kuss auf die Stirn gegeben, die ganz heiß war. Dann war sie gegangen. Sie wollte mich schlafen lassen, denn schon am Abend hatte ich mich nicht gut gefühlt. Später war ich aufgestanden und hatte mir Pfannkuchen zum Frühstück gemacht. Noch während ich aß, fing mit einem Mal alles an, sich zu drehen. Ich überlegte, dass es wohl besser war, die Gabel wegzulegen und ganz schnell raus an die frische Luft zu gehen. Da saß ich nun in der heißen Mittagssonne und wartete, dass ich mich übergab. Scheiß Tag. Dabei hatte ich mich so auf Tallinn gefreut.

Gestern waren wir aus Helsinki gekommen. Dort hatte ich mir noch ein paar Schuhe kaufen wollen, was den ganzen Vormittag gedauert hatte, weil ich mich einfach nicht entscheiden konnte. Sollte ich lieber die Pumps mit dem rosa Verschluss nehmen oder die blauen mit dem Keilabsatz? Oder doch lieber die schwarzen schlichten, die dafür superbequem waren? Am Ende hatte ich mit Ene-mene-muh die schwarzen ausgezählt und mich dann doch für die blauen entschieden. Nach dieser Anstrengung in der ersten Tageshälfte mussten wir zusehen, noch vor dem Morgen in Tallinn anzukommen, denn der Flug meiner Mutter würde wohl kaum auf sie warten. Selbst dann nicht, wenn sie dem Piloten erklärte, dass ihre Tochter sich nicht hatte entscheiden können, welches Paar Schuhe sie haben wollte.

Mit Einbruch der Dunkelheit hatten wir im »Olympiahafen Tallinn« festgemacht und Mama hatte mich noch überredet, mit in die Stadt zu kommen. Tallinn war im Mittelalter gebaut worden und gehörte seit einigen Jahren zum UNESCO-Weltkulturerbe. Wir liefen über Kopfsteinpflaster durch alte Gassen, die sich um die Stadt wanden und über die hoffentlich niemals ein Pferd hatte eine Kutsche ziehen müssen. Den Mittelpunkt der Stadt bildete das imposante Rathaus aus dem 13. Jahrhundert, zusammen mit einem noch viel größeren Rathausvorplatz. Wir standen in der Mitte und freuten uns über die Menschen – Jongleure jonglierten, Feuerspucker spuckten Feuer und eine Traube Zuschauer schaute zu. Der Marktplatz war umgeben von Cafés und Restaurants, und von überall dröhnten deutsche Stimmen. Sie waren kaum zu überhören, denn in ihrer Lautstärke lag fast südländisches Temperament. Wahrscheinlich hatte Aldi gerade ein Sonderangebot für ein Wochenende in Tallinn gehabt, oder in Deutschland war mal wieder jemand auf die Idee gekommen, die Landesgrenzen nach Osten zu erweitern. Langsam hatte ich verstanden, weshalb die Deutschen im Ausland nicht zu den beliebtesten Touristen zählten ... und wir gehörten dazu. Beschämt hatte ich versucht, mich hinter meiner Mutter zu verstecken, und war ihr die Treppen hoch zum Dom gefolgt.

Immer noch leicht von Übelkeit geplagt, spülte ich gedankenversunken im Hafenwasser die Spuckschüssel aus und wäre in der brütenden Hitze am liebsten gleich hinterhergesprungen, was aber in diesem Augenblick selbstredend wenig ratsam war. Ich wollte mich gerne wieder wie ein Mensch fühlen, doch auf der Suche nach einer Dusche stellte ich fest, dass es keine gab. Nach einer Stunde Umherirren war ein Tennisplatz das Einzige, was ich gefunden hatte. Die Dame vom Empfang verlangte vier Euro für eine Sammeldusche in einem schmutzigen Bad. Das würde ich mit Sicherheit nicht zahlen. Frustriert ging ich zurück zum Boot, wo das Wasser inzwischen wieder klar war und ließ die Badeleiter runter. Hafenbecken gehörten zwar nicht unbedingt zu den saubersten Orten der Welt, erwarteten dafür aber auch keine vier Euro. Ich streckte meinen großen Zeh ins Wasser, es war eiskalt. Bis zu den Waden kam ich noch, dann entdeckte ich den Fisch, der neben mir mit dem Bauch nach oben an der Leiter vorbeitrieb. Ich hätte mich am liebsten gleich noch einmal übergeben. Ich musste hier weg. Auf halben Weg in die Stadt gab es ein Museum für zeitgenössische Kunst. Ich gab an der Garderobe meine Tasche ab und betrat den klimatisierten Raum. Allein das war es schon Wert gewesen, hierherzukommen. Vor dem ersten Bild blieb ich stehen. Lange versuchte ich, in das frühromantische Gemälde auch nur einen Hauch von Moderne zu interpretieren, suchte überall in den endlos grünen Landschaften nach grauen Plattenbauten oder gläsernen Wolkenkratzern, konnte aber einfach keine finden. Dann sah ich mich um. Neben der Tür informierte eine riesige Schautafel über: »John Constable. From the Collections of the Victoria & Albert Museum«. Ich hatte mich im Museum vertan. Das, was hier hing, war mindestens 200 Jahre zu alt, um zeitgenössisch zu sein. Ich sollte einfach wieder ins Bett gehen und warten, dass der Tag vorbeiging. Der Park, durch den ich zurücklief in Richtung Bus, war wunderschön. Das Gras leuchtete in der Abendsonne, als hätte es John Constable persönlich angemalt. Ich kam an einem Café vorbei, in dessen Schaufenster verschiedene Torten um meine Aufmerksamkeit buhlten – und sie bekamen. Schnell setzte ich mich auf die Terrasse und bestellte das größte Stück, das sie hatten. Mein Magen konnte mich mal.

Ein paar Tage später bekam ich an Bord Unterstützung von Helena, einer Freundin aus Falkensee. Den »Olympiahafen« hatte ich satt, und so fuhren wir noch am gleichen Abend weiter. Eigentlich hatte ich erwartet, dass der Wind zum Abend hin abnehmen würde, doch da hatte ich mich wohl verschätzt. Auch hatten wir vergessen, im Hafen zu tanken – blöd, denn jetzt fuhren wir auf eine Insel zu, die laut meiner Karte nicht nur einen Hafen besaß, sondern auch ganz viel Steine, und so machte Helena ihre ersten Segelerfahrungen auf einem rollenden Schiff bei sechs Windstärken. Sie saß festgeleint am Strecktau an Deck und versuchte, in Lee den Dieselkanister abzuknoten und dabei weder ihn noch sich selbst ins Wasser fallen zu lassen. Mit jeder Welle, die von der Seite angerollt kam, lehnte sich meine alte Dame weit zur Seite, und Helenas Gesicht näherte sich immer tiefer dem Wasser. Kurz bevor ihre Nasenspitze das Wasser berühren konnte, stoppte die Bewegung, und das Boot richtete sich wie ein Stehaufmännchen wieder auf – und alles begann von vorne. Mit einer beeindruckenden Standfestigkeit in den Beinen, kam Helena mit dem vollen 25-Liter-Kanister wieder zurückgeklettert. Sie schraubte den Tankdeckel auf, der sich unter den Sitzbänken befand, und hielt den Kanister gerade, den Rest erledigte das Boot von selbst. Mit jeder Welle schwappte ein Schluck aus dem Kanister – eine Hälfte in den Tank, die andere ins Boot. Helena setzte sich wieder, irgendwie sah sie nun doch etwas blass aus. Der Geruch von Diesel war wirklich etwas gewöhnungsbedürftig. Bisher hatte ich ihn immer gemocht, aber langsam nervte er mich auch.

Der Hafen von Naissaar bestand eigentlich nur aus zwei Wellenbrechern, auf deren Innenseite es die Möglichkeit zum Anlegen gab. Wir waren die Einzigen im Hafen, banden das Schiff fest und folgten einem Weg in den Wald. Überall waren allerlei Skulpturen aus alten Seeminen aufgestellt. Meterhoch aufgetürmt stapelten sich die verrosteten Zylinder auf dem Sand oder waren als Ständer für die Laternen am Wegrand verbaut worden. Die Bewohner der Insel mussten einen außergewöhnlichen Humor haben. Wir kamen an ein Haus und klingelten. Ein kleiner stämmiger Mann mit kastigem Gesicht und auffällig blauen Augen öffnete. Offensichtlich gehörte er zum Hafen, deshalb fragten wir ihn nach den Duschen. Er sprach kaum Englisch, doch wenn man mich ansah oder ein funktionierendes Riechorgan hatte,

brauchte es auch nicht vieler Worte, um zu verstehen, was das Wort »shower« bedeutete.
Wir: »Hello! We're looking for the showers ...«
Er: »Sauna!«
Wir: »Not sauna – shower!«
Er: »No, sauna!«
Wir: »No, we don't need a sauna, JUST a shower!«
Er: »Sauna 300 EEK.«(300 estnische Kronen = 20 Euro)
Wir: »Man, nee, wir wollen nicht in die Sauna, sondern nur eine Dusche, also einfach Wasser. Nicht Sauna, nur Wasser!«
Er: »Yes, sauna. No shower! Is no shower. Sauna!«

Wollte er uns nicht verstehen oder konnte er nicht?

Schließlich zog er uns mit sich und zeigte es uns: Es gab tatsächlich keine Dusche, sondern nur eine Sauna, und das, obwohl wir an einer Jugendherberge geklingelt hatten. Angeblich hatten sie hier nicht einmal kaltes Wasser, und der Strand war von hier auch einige Minuten entfernt. Ich fand den Gedanken etwas befremdlich. Wie sie wohl den Schweiß nach dem Saunagang von sich bekamen? Das würde wohl ein Geheimnis bleiben, tief verborgen in einer der längst verrosteten Seeminen der Insel.

In den Hafen kam ein weiteres Schiff. Wir halfen den Finnen beim Anlegen, und sie bedankten sich bei uns mit einer Einladung zum Essen. Das traf sich genau richtig, denn ich hatte auch vergessen, einkaufen zu gehen, und hier gab es weit und breit nichts außer der Jugendherberge ohne Wasser. Naja, jedenfalls nichts, was zum Bleiben einlud: Als wir losgewandert waren, um die Insel zu erkunden, machten wir schon die Entdeckung, dass es hier auch menschliches Leben gegeben haben musste. Ein paar Bahnschienen führten in den Wald, und wir waren ihnen gefolgt. Der Pfad, auf dem wir liefen, war immer kleiner geworden und hatte sich irgendwann im Nirgendwo verlaufen. Wir waren weitergegangen, bis wir vor einem verlassenen Stromkasten in einem Bauwagen endeten, der mitten im Wald stand. Daneben ein Schild: Es wäre verboten, außerhalb der Wege zu gehen, und die Minen, die wir fänden, sollten wir besser liegen lassen. Danke für den Hinweis.

Zusammen mit den Finnen sammelten wir im Wald Holz für ein Lagerfeuer. Die Insel war irgendwie seltsam. So war zu beiden Seiten von der Feuerstelle im Wald eine Plane gespannt. Hinter der einen gab es für die Frauen einen Donnerbalken zum Pinkeln, und hinter der anderen hing für die Männer eine Pissrinne vom Baum, gebaut aus einem halb aufgeschnittenen Rohr, das zu einer Seite abfallend im Wald endete. Und mindestens genauso seltsam war der Holzpfahl, der mitten im Wald unter einer kleinen Tanne versteckt stand und an dem Steckdosen angebracht waren. Hätte ich nur den Wasserkocher aus meinem Boot mitgebracht, dann hätte ich hier Meerwasser aufkochen und mich endlich warm waschen können …

Die Nacht war angenehm klar und der Himmel übersät von Tausenden Sternen, die alle so hell waren, dass es mir schwerfiel, die drei einzigen Sternbilder zu finden, die ich kannte. Erst jetzt bemerkte ich, dass es wieder früher dunkel wurde und nachts wieder kälter. Der Sommer ging seinem Ende entgegen. Ich fühlte mich noch nicht nach Rückweg, und ich hatte noch fast die halbe Ostsee vor mir. Nur konnte ich mir jetzt nicht mehr so viel Zeit lassen wie bisher. Warum konnte ich nicht einfach die Zeit anhalten? Hier am Strand auf einer Insel zu sitzen, neben mir Helena, in unseren Gesichtern die brennende Hitze des Lagerfeuers, am Rücken die kalte Seeluft der Nacht und über uns ein unendlicher Sternenhimmel. Wie könnte jemand behaupten, dass das nicht das wahre Leben war! Wollte ich überhaupt zurück? Ich wusste es nicht. Ich würde zurückfahren, denn ich hatte beschlossen, zu studieren, sobald der Sommer vorbei war. Eine Sternschnuppe zog sich lang über unsere Köpfe hinweg, und ich wünschte mir, dass dieser Sommer niemals endete.

Früh am Morgen verließen wir die Insel. Mir war sie unheimlich mit ihren Seeminen, die überall zur Verschönerung des Landschaftsbilds umherstanden. Vielleicht sollten sie als Abschreckung für Reisende dienen, oder sie waren einfach ein ironisches Überbleibsel der Geschichte. Ich hoffte nur, dass sie kein Vorgeschmack auf die kommenden Tage sein würden.

Unser nächster Zielhafen hieß Paldiski und war 30 Seemeilen entfernt. Hier waren wir nicht mehr in Finnland, wo wir uns einfach in den Inseln verstecken konnten, wenn das Wetter schlechter wurde. Aber Helena vertraute mir, und ich versuchte es auch – mir zu vertrauen. Ich steuerte, derweil sie mit einem Buch voller Kurzgeschichten in der Hand in Lee saß und vorlas, Anekdoten über das Familienleben aus der Sicht eines Vaters. Bei jeder Geschichte freute ich mich aufs Neue und hoffte, auch irgendwann in meinem Leben einmal so schreiben zu können. Träumen konnten wir beide eh gut. Die meiste Zeit des Tages verbrachten wir damit, uns die spannendsten und lustigsten Pläne für die Zukunft auszumalen. Ich kannte niemanden, mit dem ich so gut träumen konnte wie mit Helena, und ich hoffte, unser Leben würde ausreichen, auch nur einen Bruchteil von dem in die Tat umzusetzen, was wir uns vorgenommen hatten.

Die Strecke nach Paldiski war ja nicht gerade weit, doch als wir ankamen, war es trotzdem schon 23 Uhr und stockduster. Der Himmel war den ganzen Tag bedeckt gewesen, und noch immer sahen wir weder Mond noch Sterne noch den Umriss vom Land, lediglich das unaufhörliche Blinken irgendwelcher Tonnen, Leuchttürme und anderer Schiffe. Das Schlimmste für mich bei so einer absoluten Dunkelheit war aber, dass ich einfach keine Entfernungen einschätzen konnte. Die beiden weißen Lichter des Schiffs voraus konnten noch fünf Seemeilen entfernt sein, doch genauso konnten wir es auch in den nächsten Sekunden rammen – wenn es überhaupt ein Schiff war. Noch unangenehmer waren aber die Tonnen. Zwar war da eindeutig eine nördliche Untiefentonne, aber wo sie wirklich stand – keine Ahnung. Da vorne halt.

Am Bug merkt Leonie, wie klein das Boot eigentlich ist.

Hoffentlich machen wir keinen Purzelbaum.

Wellen rollen an uns vorbei.

Überraschungskonzert
in Liepaja.

Wenn das Schiff
macht, was es will,
wird es sogar Monia
anders.

Die Kurische Nehrung.

Der schönste Industriehafen der Ostsee – Einfahrt nach Klaipeda.

Selbsterklärend.

Unser erster selbst-
gefangener Hornhecht.

Nachts um halb vier.

Gesucht: Putzfrau/-mann.

Unser Hafen im Zentrum Danzigs.

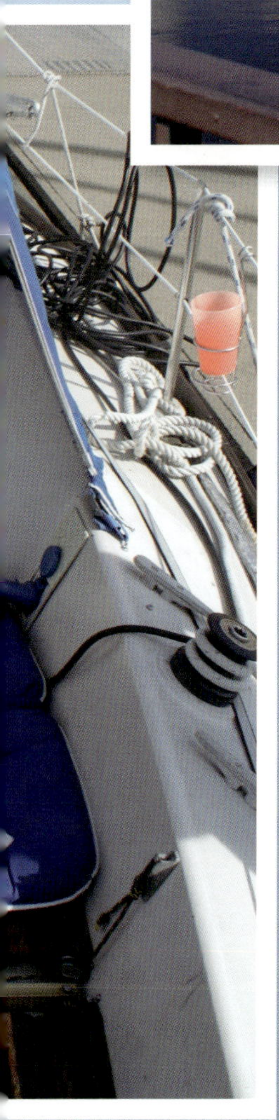

Selbstgemachte Pfannenpizza.

Łeba – ein Relikt der Vergangenheit.

Wieder im kalten Süden.

Die Küste Polens – hier sollten wir besser nicht rausfahren.

Danzig bei Nacht.

Der Abschied am letzten Morgen fällt schwer.

Ich hab es geschafft!
Am 24. September kreuzen wir im Stettiner Haff mein eigenes Kielwasser.

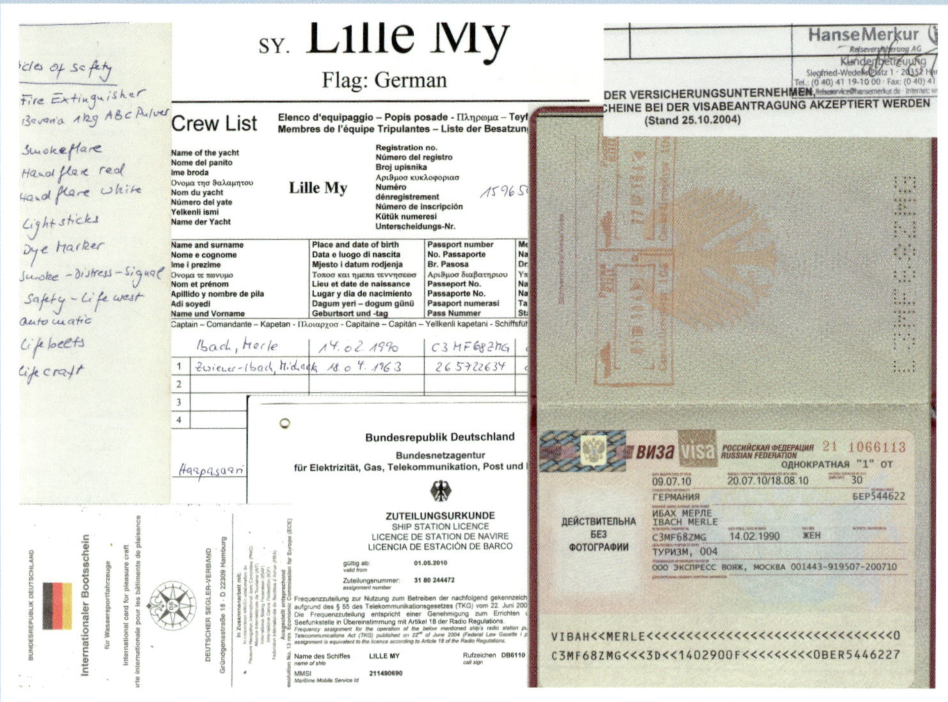

Visumsangelegenheiten – da kann man schnell den Überblick verlieren.

Im Regen gegangen, im Regen wiedergekommen. Nach 145 Tagen wieder in Berlin, zurück zu Hause.

Erstaunlicherweise erreichten wir den Hafen ohne größere Probleme. Es war nicht gerade eine gemütliche Marina, eher ein funktionaler Industriehafen mit einer ziemlich hohen Hafenmauer. Trotzdem stand an der Pier schon der Hafenmeister, um unsere Leine entgegenzunehmen – dachten wir und freuten uns über so viel Aufmerksamkeit. Dass es aber nicht im Geringsten in seiner Absicht lag, uns zu helfen, gab er uns dann zehn Meter vor dem Anlegen zu verstehen. Wir könnten hier nicht bleiben, schrie er zu uns rüber – Wir brauchten etwas, bis wir verstanden, was er von uns wollte. Der Hafen war sogar in unserem Hafenführer verzeichnet gewesen. Warum sollten wir hier nicht bleiben dürfen? Das konnte er uns aber auch nicht sagen, nur eben, dass wir verschwinden sollten. Und wohin? Entweder zurück nach Naissaar oder weiter nach Dirhami. Das war beides ungefähr gleich weit entfernt, das nahm sich nichts. Dass wir zwei kleine Mädchen waren, auf einem kleinen Schiff, und mitten in der Nacht, hatte er durchaus gesehen, doch war es ihm egal.

Ja, da standen wir. Mit so etwas hatten wir überhaupt nicht gerechnet. Dann würden wir wohl weiterfahren müssen – zurückzufahren widerstrebte mir. Kurz überlegte ich, zu ankern. Aber ich hatte einfach zu wenig Erfahrung damit und traute es mir nicht zu. Außerdem würde ich dann eh die ganze Nacht nicht schlafen können, da konnten wir auch gleich nach Dirhami segeln.

Die folgenden fünf Stunden zogen sich endlos durch die Nacht. Ich war total müde, was durch das stumpfe Starren in die orientierungslose Schwärze auch nicht besser wurde. Helena blieb tapfer bei mir draußen sitzen, bis ihr irgendwann die Augen zufielen. Um wach zu bleiben, fing ich an, mit den Füßen zu wippen, ließ es aber auch bald wieder bleiben. Lange hielt ich so nicht mehr durch.

Für eine Sekunde wurde es hell. Nein, das konnte nicht sein. Das durfte nicht sein. Bitte nicht jetzt. Und schon wieder ein kurzes Aufleuchten, aber es donnerte nicht. Mein Herz pochte schneller als ein Duracellhase trommeln konnte. Es dauerte eine ganze Weile, bis ich verstand, dass es etwas mit unserer eigenen Bewegung zu tun hatte. Immer wenn eine größere Welle uns anhob, klappte der Radarreflektor zur Seite und ließ dabei für einen kurzen Moment das Topplicht hervorblitzen. Mannomann, die Fahrt nach St. Petersburg musste mir ja wirklich ganz schön zugesetzt haben. Jetzt hatte ich schon Wahnvorstellungen, und das gefiel mir gar nicht. In letzter Zeit hatte es immer wieder mal gewittert, doch war ich immer an Land gewesen. Trotzdem zog sich jedes Mal bei mir alles zusammen, wenn ich auch nur das Wort Gewitter hörte.

Aber kaum war das eine Blinken geklärt, kam das nächste in Blickweite, und schließlich eine ganze Reihe von Lichtern, die mich fertigmachen wollten. Eins davon sollte unsere Ansteuerungstonne von Dirhami sein – aber welches? Irgendwann hatte ich sie gefunden: Sechsmal leuchtete sie kurz auf, dann einmal lang, eine noch längere Pause und das Gleiche wieder von vorne. Von ihr aus würden wir hoffentlich zwei grüne Lichter sehen, die schon zum Hafen gehörten.

Um die Tonne runden zu können, musste ich ziemlich weit von meinem eigentlichen Kompasskurs abweichen, den ich mir selbst durch einen Punkt im GPS gesetzt hatte. Das wunderte mich nicht weiter, denn es passierte öfter, da ich es mit der Navigation nicht so genau nahm oder mich einfach in den Koordinaten vertan hatte, besonders wenn ich so müde war wie jetzt. Wir hielten auf das Licht zu und sahen auch bald ein grünes Blinken. Eins, nicht zwei! Die Tatsache, dass dort nur eins zu sehen war, wunderte selbst mich schon sehr, doch kamen die Karten aus der gleichen Zeit wie der Hafenführer, und der hatte uns gerade erst einen Hafen genannt, der anscheinend gar nicht mehr existierte. Vielleicht hatte sich in den Karten desselben letzten Jahrtausends auch mal die Lichtkennung einer Hafeneinfahrt ändern können. Hauptsache, er existierte!

Noch während ich mir diese Veränderung einzureden versuchte, wurde ich mit jedem weiteren Meter ein bisschen skeptischer. Das Problem war, dass ich generell erst einmal an mir zweifelte, bevor ich meine Umwelt infrage stellte – ein fataler Fehler. Im nächsten Moment tauchte direkt neben uns eine schwarze Spitze aus dem Wasser auf. Diesmal war es mit Sicherheit keine Robbe, wie das letzte Mal in Schweden. Ich riss das Ruder herum. Jetzt war ich wirklich wieder wach. Hoffentlich gab es hier nicht noch mehr davon. Hatte ich mich etwa so arg in der Kennung verzählt? Als wir genug Abstand hatten, schaute ich mir die Karte noch einmal genau an. Das war wirklich knapp gewesen. Ich hatte unsere Ansteuerungstonne mit einem kleinen Leuchtturm an Land verwechselt.

Ich war sowohl körperlich als auch nervlich fertig mit der Welt. Helena wollte mir gerne helfen, wusste aber auch nicht wie, und ich hätte es ihr auch nicht sagen können. Wie auch? Etwa: Nimm du das Steuer, fahr uns sicher in den Hafen und leg an – aber bitte leise, ich will schlafen?

Umso erleichterter war ich, als ich schließlich doch noch zwei grüne Lichter fand, die ich übereinander halten konnte und mit denen wir sicher bis zur Hafeneinfahrt geführt wurden. Es war jetzt irgendwann nach vier – am Eingang der Koje wartete schon ungeduldig der Sandmann auf uns.

Als ich am nächsten Tag gegen Mittag aufstand und auf dem Weg zu den Toiletten auf die Hafeneinfahrt blickte, verschluckte ich mich an meinem Brot. Erst jetzt sah ich das Feld vieler schwarzer Steine aus dem Wasser ragen. Da waren wir durchgefahren? Zum Glück hatte ich das in der Nacht nicht mehr sehen können. Langsam sollte ich mir eine neue Sportart suchen. So viel Aufregung konnte nicht gut sein, das führte nur zu ungewolltem Bluthochdruck. Wie stand es mit Hallenhalma, Kniffel oder Boule? Auch alles sehr unterhaltsam.

Helena und ich liefen die einzige Straße runter, die es hier im Ort gab. Der kleine breite Hafenmeister drehte seinen kastigen Kopf in unsere Richtung und musterte uns mit einem skeptischen Blick aus seinen kalten blauen Augen von der Seite. An irgendjemanden erinnerte er mich.

Im Hafen lernten wir ein finnisches Pärchen kennen, das ich nach dem Weg und den besten Häfen hier in der Gegend ausfragte. Sie boten uns an, noch zum Essen zu bleiben – die Finnen waren eindeutig die gastfreundlichsten Menschen, die ich bisher auf der Reise kennengelernt hatte. Doch wir lehnten ab, denn wir wollten weiter, so lange das Wetter noch gut war. Das Gewitter am Nachmittag war bereits zu einem täglichen Ritual geworden. Wir verließen den Hafen und wunderten uns noch einmal, wie wir dort in der Nacht reingefunden hatten, dann stellten wir die Segel ein und ließen uns treiben. Nach einer Stunde sahen wir am Himmel eine schwarze Wolkenwand auf uns zu rollen. Was machte die denn schon hier, es war doch noch viel zu früh für Gewitter. Konnte man sich denn nie auf das Wetter verlassen? Die Wolkenwand sah faszinierend aus, wie ein Kessel von oben betrachtet. In der Mitte die Suppe, in der sich wild graue Schleier bewegten und am Rand eine Reihe buschiger schwarzer Wattewolken, aus denen sich langsam Fetzen lösten, wie die Fangarme eines Kraken. Diesmal fiel die Entscheidung nicht schwer. Wir nahmen sofort die Segel runter und drehten um. Noch nicht ganz im Hafen, erreichte uns der brodelnde Kessel. Kleine Wellen mit Schaumkronen schwappten gegen das Boot, und es begann zu regnen. Der Regen war so plötzlich gekommen, dass wir keine Zeit mehr gehabt hatten, uns wasserdichte Kleidung anzuziehen. Platschnass fuhren wir wieder an den Steg, wo schon der Hafenmeister mit Regenjacke auf uns wartete. Da waren wir wieder. Er grinste. Nach einer Stunde war der Spuk schon wieder vorbei, doch hatten wir jetzt auch keine Lust mehr, weiterzufahren. Stattdessen gingen wir zu unseren finnischen Nachbarn, denn die Einladung zum Essen stand immer noch. Wir saßen in ihrer Plicht unter einer aufgespannten Plane und aßen zu Abend. Von Stunde zu Stunde wurden die beiden lustiger und ihr Englisch schwerer zu verstehen. Helena und ich waren müde, bedankten uns und wollten gehen. Aus Spaß verabschiedete ich mich mit den Worten: »Und wann gibt's morgen Frühstück?« Er antwortete wie selbstverständlich: »At eight.« Ich wusste nicht, ob das jetzt wiederum von ihm ein Scherz war oder doch ernst gemeint. Aber am nächsten Morgen war, als wir um acht aus der Dusche kamen, der Tisch mit vier Tellern gedeckt, und sie fragten uns, ob wir lieber Kaffee oder Tee zum Frühstück tranken. Als Dankeschön brachten wir das Einzige mit, was wir noch in unserer Küche besaßen: Ziegenfrischkäse. Diesmal legten wir früher ab als am Vortag, winkten den Finnen und fuhren ein letztes Mal an den schwarzen Zacken vorbei. Wir wollten nach Pärnu, laut meinem Reiseführer die Sommerhauptstadt von Estland. Lediglich als Zwischenstopp für die Nacht hielten wir in Virtsu, für mehr hätte es sich auch nicht gelohnt. Der Hafen lag an der Außenpier eines riesigen Autofähranlegers, der rund um die Uhr in Betrieb war. Es war viel zu laut, die ganze Nacht wurden wir durch Flutlicht ausgeleuchtet, und nirgendwo war ein Hafenmeister zu finden. Doch er fand uns, gerade passend, als wir wieder ablegen wollten. Er schrie uns hinterher: »Money!« Wir drehten um, denn selbstverständlich hatten wir gar nicht die Absicht gehabt, einfach so zu verschwinden. Er war stinksauer, doch was mich viel mehr erschreckte, war seine Gestalt. Auch er war ein kleiner stämmiger Mann mit eckigem Gesicht, und als wir näher kamen, um ihm das Geld in die Hand zu drücken, sah ich seine kalten blauen Augen. Ich wusste, dass es in Estland nur ein Drittel so viel Menschen gab wie in ganz Berlin. Dass aber alle Häfen scheinbar von einem einzigen Familienunternehmen geführt wurden, hatte ich nirgends gelesen.

Das Erste, was wir von Pärnu hörten, war der dröhnende Bass lauter Musik. Dann kamen bunte Lichter dazu, und ein riesiges farbig angestrahltes Gebäude erhob sich direkt am Strand aus dem Dunkel der Nacht. Hier schienen wir richtig zu sein. Unser Kurzgeschichtenbuch hatte Helena schon am Morgen zu Ende vorgelesen, und seitdem hörten wir auf LilleMy Musik und tanzten dazu. Wir waren in Ausgehlaune, deshalb liefen wir in Pärnu angekommen gleich in die Stadt. Der Reiseführer hatte nicht übertrieben. Die Straßen war voll von jungen

Menschen, und alle schienen sie irgendwohin zu wollen. Wir hielten ein paar an, die uns mitnahmen an den Strand zu dem Club, den wir schon von Weitem gesehen hatten. Alle waren sie ausgehfein gemacht. Die Mädchen trugen knappe Kleider und hohe Schuhe, die Jungs hatten sich die Haare gekämmt und vor dem Verlassen der Tür noch schnell zehn Klimmzüge gemacht. Nur wir sahen aus, wie von einer anderen Welt – barfuß, mit Hose und ohne Glitzer im Gesicht. Wir liefen durch einen Park und kamen auf die Strandpromenade. Von überallher kam Musik, an Imbissbuden wurden Getränke verkauft und Jugendliche wuselten umher wie verirrte Glühwürmchen. Eine der Imbissbuden hatte einen eigenen DJ, der gerade Cindy Lauper, »Girls just wanna have fun«, spielte. Wir blieben stehen und tanzten. Der DJ legte einen Hit nach dem anderen auf, und irgendwann konnten wir nicht mehr. Die meisten Leute guckten uns eh schon seltsam an, deshalb machten wir eine Pause, um etwas zu trinken. Wir gingen zu dem Imbissbudenverkäufer und bestellten zwei Cuba Libre. Erst als ich das Rückgeld entgegennehmen wollte, sah ich den Mann hinter der Theke. Fast hätte ich mein Getränk fallen gelassen. Auch er hatte stahlblaue Augen und die gleiche stämmige Figur – das konnte doch nicht sein. Was war denn hier los? Jetzt gehörten denen auch noch alle Imbissbuden des Landes? Danach hatte ich keine Lust mehr auf Tanzen, und wir schlenderten weiter. Die Lust kam wieder, als wir am Strand standen. Der Club selbst war stickig und überfüllt, doch hier draußen, wo die Luft angenehm kühl war, gab es ausreichend Platz und genug Musik. Hier lernten wir auch Alex kennen, mit dem wir uns lange unterhielten. Er war mit Freunden extra aus Tallinn gekommen, und sie planten, noch durch ein paar weitere Clubs zu ziehen. Helena und ich wollten gerne baden gehen, doch war es dafür schon zu dunkel. Wir machten uns auf den Rückweg zum Hafen und liefen wieder durch den Park. Ein sympathischer Landschaftsarchitekt hatte ihn mit modern geschwungenen Wasserbecken mit Beleuchtung ausgestattet und uns damit eindeutig eingeladen, noch ein wenig zu verweilen.

Nach dem Aufstehen am Morgen liefen wir gleich wieder in die Stadt, ohne gefrühstückt zu haben, denn inzwischen gab es im ganzen Schiff nicht mal mehr ein Knäckebrotkrümelchen zu essen. Anstelle eines Supermarkts fanden wir jedoch einen Skatepark, in dem gerade ein Contest für BMXer, Skater und Inliner stattfand, begleitet von lauter Musik aus einem Red Bull Truck. Wir verschoben unsere Prioritäten und schauten zu. Auf einmal stand Alex hinter uns. In der Hand hielt er den Glaskörper einer Shisha. Er sah verwirrt aus, und wir fragten ihn, ob er da sein Trinkglas in der Hand hielt. Er grinste breit und nahm einen großen Schluck. Mich schüttelte es. Doch es war wirklich sein Trinkgefäß, gefüllt mit einem Liter Tequila Sunrise. Wie passend, dachte ich. Als wir uns in der Nacht verabschiedet hatten, war er mit seinen Freunden noch mal losgezogen, dann war es hell geworden, und jetzt lohnte sich das Schlafen auch nicht mehr. Er begleitete uns noch ein Stück in die Stadt, dann war er wieder verschwunden. Das nächste Mal, als wir ihn sahen, stand er auf dem Red Bull Truck am Mischpult für die Musik und hatte die Herrschaft über das Mikrofon übernommen.

Am Nachmittag, pünktlich zum Einkaufen, kam Leonie am Bahnhof an, ebenfalls eine Freundin aus der Heimat. Eigentlich hatten wir uns in Riga verabredet, aber da war ich nun einmal noch nicht, deshalb war sie mit dem Bus hierhergefahren. Während ich im Hafengebäude eine ausreichende Internetverbindung zum Skypen gefunden hatte und seit einer Ewigkeit wieder mal so lange, wie ich wollte, mit zu Hause und vor allem Joschka telefonieren konnte, nahmen die anderen mein Boot auseinander und machten in meinem Brötchenofen eine Brokkoliquiche. Heute Nacht würde es eng werden bei mir an Bord, denn noch eine weitere Person hatte sich angemeldet, zu kommen. Sie war gerade hier in der Gegend unterwegs und hatte spontan noch eine Woche Zeit, bevor sie mit einem anderen Schiff über den Atlantik fahren würde: Monia, das norwegische Mädchen aus Finnland.

11.

*»Du kannst Algebra, doch trägst keinen BH
Sprichst du Japanisch?«*

(Bonaparte – Too much)

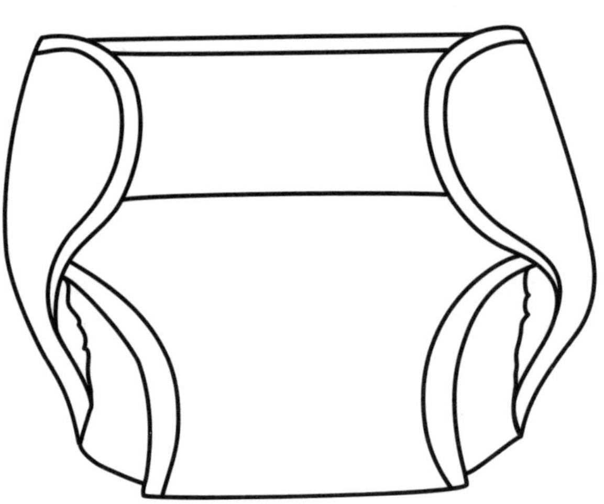

summer's gone – zu dritt an der lettischen Küste

Helena ging und nahm den Sommer mit. Ein Segler im Hafen erzählte uns, dass die Farbe des Wassers die Jahreszeiten verriet. Wenn die See im Sommer noch in hellem Blau erstrahlte, wurde sie zum Herbst hin immer dunkler. Ich hatte noch nie darauf geachtet, doch auf dem Weg durch den Rigaischen Meerbusen war das Wasser nahezu schwarz. Jetzt war es also offiziell. Wir hatten nicht länger nur eine kleine Schlechtwetterfront über uns, ab jetzt würde es so bleiben. Meine Unterwäsche, die ich auf dem Weg zum ersten lettischen Hafen gewaschen und über die Reling gehängt hatte, wurde erst kurz vor Riga trocken, drei Tage später. Doch konnten wir der Farbtheorie trauen, hatten wir nach Riga einen gewaltigen Zeitsprung gemacht und die graue kalte Jahreszeit einfach übersprungen. Die Stadt blühte nach dieser Theorie noch im jüngsten Frühling, denn das Wasser war grün wie das erste Gras, das nach einem harten Winter aus dem Boden hervorlugte. Es fühlte sich an, wie über eine frisch gemähte Wiese zu fahren, anstatt durch dreckiges, abgestandenes Hafenwasser. Wir hatten in der Woche, die wir in Riga verbrachten, alle Stadthäfen einmal durchgetestet. Der erste lag an der Mündung der Düna in die Ostsee, noch weit vor der Stadt. Der Schwell war dort ungebremst auf die Schwimmstege getroffen und hatte alle Boote durcheinandergeworfen, die dort festgemacht lagen. So etwas hatte ich noch nie erlebt. Der Steg hob und senkte sich wie ein wilder Bulle, der sich aufbäumte, um sich von seiner Leine loszureißen. Noch bevor die Nacht um war, fuhren wir weiter zum nächsten Hafen flussaufwärts. Er war von einem Industriegelände umgeben, und von Schwell war hier nichts mehr zu spüren. Inwiefern das aber ein offizieller Hafen war, wusste ich nicht. Das Hafenmeisterbüro befand sich in einem kleinen Schuppen, der mit Lichterketten geschmückt war. Vor der Hütte standen ein paar Stühle und Bänke, ein kleiner Tresen, hinter dem eine Frau Bier zapfte, und in einer Ecke feierten ein paar Jugendliche grölend auf den Tischen. Wollten wir in die Stadt, mussten wir durch ein paar Ruinen einer stillgelegten Baustelle klettern, und ein

Bad gab es hier auch nicht – naja, nicht direkt jedenfalls. Denn wenn man die Frau hinter dem Tresen fragte, bekam man den Schlüssel einer unbewohnten Einzimmerwohnung im vierten Stock eines grauen Betonplattenbaus gegenüber vom Hafen. Hier blieben wir zwar länger als im ersten Hafen, aber auch nur zwei Nächte. Unser dritter Hafen lag fast direkt in der Stadt. Hier gab es nicht nur Containerduschen, sondern auch einen Raum mit Internet und das frisch gemähte Frühlingswiesenhafenbecken – die Schicht aus Entengrütze war so dick, dass wir mit Sicherheit darauf hätten laufen können. In einer Ecke des Clubhauses baute ich mein Büro auf und verschanzte mich hinter einem Chaos verknoteter Kabel, meinem Laptop und einem Stapel Papier. Drei Dinge hatte ich zu erledigen: Ich musste einen neuen Artikel für das Schleswig-Holsteiner Segelblatt schreiben, denn es war wieder Ende des Monats, und ich brauchte dringend Geld. Ende des Monats bedeutete auch, dass meine Bedenkzeit wegen des Studiums abgelaufen war und ich jetzt meine Zukunft beschließen musste. Meine dritte Aufgabe lag darin, eine lettische Segelmannschaft von 1989 zu finden. Vor allem diese Angelegenheit würde eine detektivische Meisterleistung erfordern.

In meinem Segelverein hatte es kurz vor der Wende eine große Regatta gegeben, zu der auch Segler der damaligen Sowjetunion eingeladen waren. Wider Erwarten hatten ein paar tatsächlich ihre Ausreise bewilligt bekommen und waren aus Riga angereist. Daraus war eine enge Freundschaft zwischen den Seglern und unserem damaligen Vereinsvorsitzenden entstanden, die sich jedoch mit der Zeit verlaufen hatte. Als er dann hörte, dass ich plante, nach Riga zu segeln, musste ich ihm versprechen, mich auf die Suche nach den fünf Seglern von '89 zu machen. Doch das Einzige, was er von ihnen hatte, waren ihre Namen. Eine Woche lang schrieb ich E-Mails, fragte Segler aus der Gegend und telefonierte, dann hatte ich die Nummer des Steuermanns. Ich tippte sie ins Telefon und drückte auf Wählen. Es tutete einmal, die Leitung war tatsächlich frei, doch bevor es ein weiteres Mal tuten konnte, legte ich wieder auf. Was sollte ich denn sagen? »Hallo, hier ist Merle. Haben Sie vor 20 Jahren in Berlin an einer Regatta teilgenommen? Ja? Schön.«

Die zweite Aufgabe war genauso schwer und mindestens genauso ergebnislos. Die Zusagen für die Uni waren angekommen und lagen bei meinen Eltern auf dem Küchentisch. Jetzt musste ich mich also wirklich und letztendlich entscheiden, in welche Richtung mein Leben gehen sollte. Würde ich eine viel beschäftigte Geschäftsfrau in Stiftrock und Brille mit hohen Schuhen werden oder doch eher der verkannte, perspektivlose Denker, der in seiner dunklen Dachkammer vor einem kleinen Öfchen saß, wenn er nicht gerade Taxi fuhr, um sich die Holzscheite zu verdienen? Vor zwei Monaten in den schwedischen Schären hatte ich mich aus lauter Ratlosigkeit für alles Mögliche beworben, von Kommunikationsmanagment bis Philosophie. Ich hätte mir schon längst Gedanken über meine Zukunft machen müssen, doch hatte ich es immer erfolgreich geschafft, mich davor zu drücken. Bis heute, wo es keinen Aufschub mehr gab.

Während ich grübelte und unproduktiv einen Keks nach dem anderen in meine Backen schob, widmete ich mich meiner ersten Aufgabe und schrieb den Artikel über die letzten Wochen, in der Hoffnung, dass diese Art der Selbstreflexion mehr Klarheit schaffen würde. Das Problem war ja eigentlich nur Folgendes: Da ich eh nicht wusste, wo ich hin- oder was ich überhaupt studieren wollte, hatte ich gehofft, dass es sich mit einer geringen Auswahl an Zusagen von selbst klären würde. Doch jetzt hatte ich die Möglichkeit, sowohl in Berlin zu bleiben als auch nach Süddeutschland zu gehen. Joschka aber hatte nur Zusagen für den Süden bekommen. Würde ich in Berlin bleiben, würde es kompliziert werden, würden wir uns auseinanderleben und vermutlich trennen. Wenn ich mit ihm nach Baden-Württemberg ging, hätten wir dieses Problem nicht, dafür würde ich mich von allem verabschieden müssen, was zurzeit mein Leben war, auch vom Segeln. Liebe oder Leben – eine unzumutbare Entscheidung, das konnte niemand von mir verlangen. Es konnte doch nicht nur Schwarz oder Weiß geben.

Einen winzigen Lichtblick gab es noch, denn Joschka hatte sich noch nicht entschieden, ob er überhaupt schon mit dem Studieren beginnen wollte.

Einen anderen, durchaus überzeugenden Vorschlag hatte mir ein Freund geschrieben, als ich noch in Russland war und den ich jetzt wieder hervorkramte.

Hallo Merle,
nach meinem Wetterbericht müsste es bei euch ja auch ziemlich sommerlich sein. Liegt St. Petersburg schon an? Warum fahrt ihr nicht weiter bis zur russischen Haupstadt? Newa bergauf, ein bisschen Kanal, in die Ladogasee, dann wolgaaufwärts mit einem kleinen Umweg über die Moskwa bis Moskau. Nach einem Stadtrundgang weiter, erst moskwa- dann wolgaabwärts bis Wolgograd, dort den Absprung in den Don nicht verpassen, sonst landest du im Kaspischen Meer, und da geht es nicht weiter. Also rein ins Asowsche Meer – Schwarze Meer und dann ein paar Tage ausruhen auf der Krim. Wie das mit den Brücken ist, weiß ich leider nicht. Kurz in Istanbul anlegen, dann Treffen mit Küppers in der Ägäis. Den weiteren Weg wisst ihr ja. Wir freuen uns alle auf ein Wiedersehen 2012.
Liebe Grüße und weiter gute Reise

Ich hatte von all den Orten noch nie etwas gehört, aber es klang nach einem gut durchdachten Plan, und für ein paar Tage war mein Visum sogar noch gültig. Alle Freunde, die ich fragte, waren aber wenig überzeugt, und sehr ernüchternd rieten sie mir davon ab. Auch die Begeisterung meiner Eltern hielt sich in Grenzen.

Da kam mir die brillanteste Idee meines bisher erst kurzen Lebens. Sie war so genial, dass ich es erst gar nicht fassen konnte, dass sich so etwas in meinen Gehirnwindungen versteckte. Es war die Lösung all meiner Probleme, denn ich würde machen können, was ich wollte. Vielleicht würde ich nebenbei noch ein wenig Kultur und Technik und Philosophie in Berlin studieren und damit unglaublich schön und klug werden, denn das war die wichtigste Voraussetzung für meine neuen Zukunftspläne: Ich würde Prinzessin werden! Und Joschka würde im Stall stehen und meine strahlend weißen, großen, anmutigen, königlichen Schiffe füttern und striegeln. Mit mir und der Welt zufrieden, folgte ich Leonie und Monia in die Stadt.

Riga war wunderschön. Die alten Jugendstilhäuser hatten die Sowjetzeit erstaunlich gut überstanden, und in den Tagen, in denen wir da waren, fand gerade das Fest des Jahres statt, das Rigassvetki. Es war das Ende des Sommers in einer Stadt voller Menschen in Feierlaune, sowohl tags als auch nachts.

Als wir spät am Abend aus der Stadt zurückkamen, war es bereits dunkel, deshalb sah ich ihn nicht gleich. Er lag an Deck, war tief gefallen und hatte beim Aufprall schwer an geometrischer Perfektion einbüßen müssen. Sobald würde er wohl keine Leben mehr retten. Ich hatte beim Maststellen in Polen einen groben Fehler begangen, und von da an hatte mein oktaederförmiger Radarreflektor mit gleichgültiger Monotonie gegen den Mast geschlagen, Tag für Tag und Nacht für Nacht. Gerade in der ersten Zeit hatte das Schlagen mich um jeden Schlaf gebracht. Warum ich nicht hochgeklettert war, um ihn anders zu befestigen? Keine Ahnung, wahrscheinlich Faulheit. Ich hatte mich daran gewöhnt, und jetzt hatte sich das Problem von selbst gelöst. Früher oder später hatte einer nachgeben müssen, Mast oder Radarreflektor, und ich war froh, dass es nicht der Mast gewesen war, den ich an diesem Abend auf meinem Deck fand. Das Schlagen war über die Wochen immer sanfter geworden, denn die Kante, mit der der Reflektor den Mast bearbeitet hatte wie eine stumpfe Axt, hatte sich mit der Zeit an die runde Form des Masts angepasst. Wir verließen Riga ohne Radarreflektor, ich konnte mir eh nicht vorstellen, dass er je etwas gebracht hatte. Vielleicht hatten sich die Russen deshalb nicht gemeldet, als wir nach St. Petersburg gefahren waren.

Die See spritzte schwarz über das Deck, und Wasser und Himmel bildeten eine homogene Masse aus Grau. Wenn das hier so weiterging, würde ich bald 90 Wörter für Grau unterscheiden können, ähnlich wie Inuits für Schnee. Nicht nur der Wind hatte zugenommen, sondern auch Regen und Welle. Monia und Leonie hockten in Lee im Schutz meiner immer noch existierenden Sprayhood. Jedes Mal, wenn ich sie sah, war ich von Neuem erstaunt, dass sie noch hielt. Ich saß oben in Luv auf der Kante und musste mich festhalten, nicht runterzukippen, den zwei anderen auf den Schoß. Es war herrlich. Wir segelten bereits seit fünf Stunden an der Kreuz und waren noch keine zehn Seemeilen vorangekommen, doch trieb mich eh keine große Eile. Das Schiff lag so schräg im Wasser, dass die Relingsstützen dauerhaft von weißem Schaum umspült wurden, und als Monia in der Küche war, um Brote zu schmieren, musste sie sich mit einer Hand an die Handläufe über dem Kocher klammern und mit den Füßen gegen die Sitzbänke stemmen. Die Gurkenscheiben hatten leider keine Hände und flogen wie kleine grüne Frisbees quer durchs Boot. Wir segelten nach Roja und hofften, dort einen besseren Hafen zu finden als in Merserags, wo wir herkamen.

Als wir die enge Flussmündung bei Roja erreichten, legten wir uns hinter ein paar Fischerkähne aus dem Dorf, die selbst kaum Platz zum Wenden hatte. Hier gab es nichts, nicht einmal ein Hafengebäude, lediglich die widerwärtigsten Duschen von ganz Lettland und eine halbe Stunde entfernt eine Bibliothek. Trotzdem verlangte der Hafenmeister zehn Euro, wenn er einmal am Tag vorbeikam und dann mit dem Auto wieder fuhr. Leonie fand das alles gar nicht lustig, und als der kleine schmächtige Mann wieder an unser Boot klopfte, sprang sie auf, sah ihn böse an und begann ihm ihre Meinung darzulegen. Monia und ich konnten nicht mehr. Wir hielten uns die Münder zu und wälzten uns vor Lachen auf der ausgebreiteten Liegewiese im Wohnzimmer. Leonie kam zurück, sah aber nicht glücklich aus. Natürlich würden wir diese Nacht nichts bezahlen, aber sie hätte so ein schlechtes Gewissen, weil er doch so schüchtern gewesen war und sich gar nicht getraut hatte, sich zu wehren. Den Hafenmeister sahen wir nie wieder.

In Roja regnete es die meiste Zeit, aber immerhin gab es die Bibliothek, und in dieser Bibliothek gab es Internet, und in diesem Internet wartete eine ganze Postkutsche voller Mails auf mich, unter anderem von einem Freund. Er hatte mir vor ein paar Tagen den Wetterbericht geschickt.

Mi 25.8 18UTC W 7Bft 16–21°C 992hP bedeckt Regen 8–9Bft

Was in etwa so viel hieß wie: Auf dem Weg hierher hatten wir sieben Windstärken gehabt, bei bitterkalten 16 bis 21 °C und dazu Regen und Böen mit Sturmstärke. Ich sah mir mit großen Augen die Tabelle an, sie erklärte einiges.

In einer zweiten Mail hatte er schon den Wetterbericht für die kommenden Tage geschrieben. Es würde nicht besser werden, und um die Ecke, raus aus dem Rigaischen Meerbusen, stand dazu noch eine gewaltige Welle. Wo kam die denn her? Ich hatte immer gedacht, die Ostsee sei eine Vogeltränke, in der ein paar Enten badeten, doch nun glich sie eher einem Teich, in den sich ein Sumoringer hatte fallen lassen. Es würde spannend werden, denn meine alte Dame zeigte bereits jetzt erste Anzeichen von Inkontinenz, wo wir noch im Wellenschutz der Landzunge fuhren. Als wir abends ins Bett krabbelten, fiel mir erst mein nasses Kopfkissen auf, dann die große Pfütze, die das Polster am Kopfende dunkel färbte. Auf so etwas hatte ich nun gar keine Lust, vor allem weil ich mir nicht erklären konnte, wo es herkam. An dieser Stelle hätten wir gut an Seniorenwindeln getan, der Tipp eines Letten, den wir in Salacgriva kennengelernt hatten.

Uldis war ein alter verrückter Seebär, der uns auf eine »Weinparty« eingeladen hatte, noch bevor eine von uns den Fuß an Land setzen konnte. Dummerweise hatten wir den Anfängerfehler begangen und vergessen, vorher zu Abend zu essen. Als guter Gastgeber kredenzte uns Uldis natürlich auch ein klein wenig Beilage, aber ein paar Scheiben Brot kamen nicht gegen ein paar Flaschen Rotwein an, deshalb musste er das meiste selbst trinken. Das machte seine Geschichten auch immer lustiger, und irgendwann begann er das Thema Grundausstattung – Dinge, die auf keinem Boot fehlen durften. Er hatte da eine eindeutige Meinung und ließ auch nicht mit sich diskutieren. Egal, ob Einhand oder mit Crew, jeder brauchte an Bord Seniorenpampers. Als Einhandsegler musste man nicht mehr aufs Klo rennen, was vor allem bei schlechtem Wetter von Vorteil war. Doch die weitaus spannenderen Einsatzfelder waren die Bilge, wenn sich dort mal wieder das Wasser sammelte; und links und rechts neben dem Kopf eines Seekranken, der in der Koje lag. Denn, und da legte Uldis besonderen Wert drauf, sie nahmen wirklich jeden Geruch auf. Nur die Anschaffung sei wohl etwas problematisch, da es an der Kasse jedes Mal so seltsame Blicke gab, wenn man mit über 60 Jahren ein Paket kaufte. Deshalb gab er uns noch einen weiteren Tipp mit auf den Weg. Wir sollten bereits früh anfangen, zu bunkern, denn bis 50 konnten wir noch behaupten, es sei für die Generation über uns.

Doch weder wir noch der Tante-Emma-Laden im Dorf hatten in diesem Moment eine Seniorenwindel. Dafür fanden wir im Lebensmittelladen um die Ecke etwas, das ich in Deutschland bisher noch nie gesehen hatte. Es waren Schokokriegel mit Quarkfüllung in allen möglichen Geschmacksrichtungen aus dem Kühlregal, von denen wir uns von nun an ernährten. Meiner Überzeugung nach waren sie das beste Mittel gegen Regendepressionen, denn hier schüttete es den ganzen Tag. Dicke Regentropfen prasselten gegen die Fenster und drückten sich an den Schrauben vorbei, um im Bootsinneren weiterzuregnen. Blöd daran war eigentlich nur, dass die ganzen undichten Stellen zum Vorschein kamen und wir nichts dagegen machen konnten, weil bei dieser Nässe keine Dichtungsmasse halten würde. So lief es eben weiter, und ich beschloss, für die Zukunft immer einen Schwung Allzweckseniorenpampers mitzuführen.

Langsam begriff ich, weshalb mich anfangs so viele fragend angeguckt hatten, wenn ich ebenso selbstbewusst wie naiv erzählte, dass ich vorhätte, im Uhrzeigersinn um die Ostsee zu fahren, was offiziell als falsch herum galt – der Wind kam einfach immer von vorne. Deshalb freuten wir uns besonders, als er ab Möntu auf Nord drehen sollte, nur blöd, dass aus viel zu viel Wind viel zu wenig Wind geworden war. Trotzdem stand um die Ecke des Rigaischen Meerbusens kurz vor Litauen noch immer eine nicht zu verachtende Restwelle aus den letzten Tagen. Bei totaler Flaute motorten wir, bis der Diesel alle war, baumten dann die Genua aus und banden das Großsegel am Want fest. Hauptsache, die Segel würden bald aufhören, so penetrant zu schlagen. Der Wind spielte mit uns Hase und Igel. Gerade als wir bis vor den Hafen getrieben waren, nahm er wieder zu und begrüßte uns mit den Worten: »Ich bin schon hier.« Mit voller Geschwindigkeit konnten wir dafür die letzten Meter in den Hafen einfahren, und ich durfte das erste Mal versuchen, nur unter Segeln mit Wind von hinten anzulegen. Monia übergab mir das Steuer und stellte sich an den Bug, um im Notfall zwischen Boot und Steg zu springen, während Leonie den Bojenhaken zum Einhängen bereithielt. Das Großsegel hatten wir bereits runtergenommen. In einer Hand hielt ich die Reffleine der Genua zum Wegrollen. Ich war recht zuversichtlich, was unser Manöver betraf, die Leute auf den Nachbarbooten jedoch weniger. Sie eilten sofort mit all ihren Fendern in den Händen an Deck, wobei ich nicht unterstellen möchte, dass sie es nur aus Selbstschutz taten, es war bestimmt auch aus gut gemeinter Hilfsbereitschaft. Alles klappte perfekt. Leonie hakte den Bojenhaken genau im richtigen Moment in die Mooring, der Wind gab uns den nötigen Restschwung von hinten, ich gab ihr das Zeichen, den Festmacher anzuziehen, der am Haken befestigt war, und sie zog. Und zog, und zog, der Steg kam näher und sie hielt den Haken selbst in der Hand. Er hatte sich von der Mooring gelöst und wir fuhren ungebremst auf den Steg zu. In den Gesichtern unserer Nachbarn spiegelte sich Panik wider, und mit Sicherheit wünschten sie sich in diesem Moment noch mehr Fender, am liebsten eine ganze Gummischlauchkante wie die eines Lotsenboots, das Überseetanker bei Sturm in enge Häfen bugsieren konnte. Ich steckte den Schlüssel in die Zündung und hoffte, dass sowohl Zeit als auch der letzte Tropfen Diesel noch ausreichen würden. Der Motor sprang an, heulte auf und schickte eine schwarze Wolke aus dem Auspuff, als ich rückwärts Vollgas gab. Direkt vor dem Steg kamen wir zum Stehen. Um uns roch es nach verbranntem Gummi.

Der Hafenmeister hatte unser Anlegemanöver genauso regungslos verfolgt wie unsere Nachbarn und wir selbst. Jetzt atmete er erleichtert auf, kam zu uns und machte einen langen Hals, um in die Kajüte gucken zu können.

»Where are the boys?«, fragte er verwundert.

Wir schauten ihn verständnislos an, und als er begriff, dass dort wirklich keine Jungs mehr herausgekrabbelt kamen, bot er uns seine Hilfe an, falls es irgendetwas gäbe. Wir fühlten uns etwas beleidigt, doch hatten wir tatsächlich etwas, wofür wir seine Hilfe gebrauchen konnten ... Mädchen hin oder her, die nächste Tankstelle war einige Kilometer entfernt, und wenn das Ablegemanöver nicht ähnlich knapp werden sollte wie eben das Anlegen, brauchten wir dringend Diesel. Er holte sofort seinen klapperigen Opel Astra. Zurück bei den Booten, bestand der Hafenmeister dann sogar noch darauf, uns die vollen Kanister bis in die Plicht zu tragen. Ich hielt es für keine gute Idee, da er an seinem eigenen Gewicht schon genug zu schleppen hatte, doch wollte ich seine gute Erziehung nach einem veralteten Weltbild auch nicht völlig über den Haufen werfen.

Der nächste Schlag würde unser letzter gemeinsamer werden. Mit Leonie und Monia wollte ich noch so weit wie möglich kommen, bevor ich das letzte Stück alleine nach Klaipeda fuhr. Während ich noch unten saß, um die Koordinaten aus der Karte zu schreiben, lösten sie die Leinen, und wir verließen den Hafen. Ich hockte gebeugt über einem Stapel Seekarten auf dem Bett im Wohnzimmer, das wir noch nicht weggeräumt hatten, um früher ablegen zu können. Gerade hatte ich den Zirkel weggelegt und fuhr mit dem Bleistift die Liniealkante entlang, da wurde das Boot mit einem lauten *Rums* herumgerissen, und ich fand mich quer über dem Herd wieder, über mir verteilt der Kartensatz und der Bleistift in einer Tomate steckend. Gleich die erste Welle hatte uns von der Seite erwischt. Von der Hafenmole aus hatte es draußen gar nicht nach so viel ausgesehen, doch jetzt fuhren wir Achterbahn. Die Polster waren gerade erst wieder trocken gewesen, und schon wieder war die erste Ecke zum Auswringen durchweicht. Ich blickte aus dem Niedergang zu Monia hoch. Sie stand entspannt an der Pinne, schaute zufrieden in die Ferne und schien alles im Griff zu haben – dann war ich ja beruhigt. Wind und Welle kamen direkt von hinten, hoben unser Heck an und ließen uns dann wie von einer Zwille geschossen ins Wellental sausen. Heute würden wir mit Sicherheit einen neuen Geschwindigkeitsrekord aufstellen, auch wenn wir die Genua immer weiter refften und eigentlich nur noch mit dem Rumpf als Angriffsfläche für den Wind fuhren.

Die Fahrten in dieser Gegend zogen sich endlos wie ein Kaugummi in die Länge, Welle hoch, Welle runter. Deshalb verschlangen wir in diesen Tagen ein Buch nach dem anderen. Ich war gerade dabei, den alten Helden Moitessier zu kauen, einer der ersten Segler, der seine Reiseberichte zur Unterhaltung veröffentlicht hatte. Und da es meiner Ansicht nach sehr lehrreich wäre, von dem Wissen eines so viel erfahreneren Menschen zu profitieren, begann ich, aus dem Buch zu rezitieren. Das kam bei den anderen beiden allerdings nicht so gut an. All die vollgeschriebenen Seiten beinhalteten kaum mehr als ein in Sätze gefasstes Logbuch, das in monotoner Kontinuität Windrichtung, Etmale und Luftdruck aneinanderreihte. Wenn ich dann später auch nur ansetzte um kurz ein Zitat zu bringen, fingen sie sofort an, laut im Chor »lalala« zu singen. Mir ging es ähnlich, und ich war froh, als ich es endlich verdaut hatte. Ich verstand sowieso nicht, warum man Segelbücher lesen sollte. Weder waren sie ein sprachlicher Geniestreich noch wirklich spannend. Wann starb schon mal einer oder ließ sich mit einem Fallschirm aus einem Flugzeug fallen, um in Seenot geratene Zebras zu retten, für sie aus Treibholz auf einer einsamen Insel eine Arche zu bauen und sie gegen die tobende See zurück in den Zoo zu bringen? Stattdessen die endlose Beschreibung kitschiger Sonnenuntergänge, tagelanges Wellen hoch- und runterfahren und die größte Dramatik in der Wahl der passenden Socken zur Farbe des Südwesters.

12.

»Einfach ein perfekter Tag
Alle Probleme allein gelassen
Sonntagsausflügler für uns selbst
Es ist solch eine Freude«

(Lou Reed – Perfect Day)

Seit einer Stunde schon beobachtete ich eine Wolke, die in gleicher Geschwindigkeit neben mir herzog. Immer größer hatte sie sich aufgeplustert, bis sie kurz vor dem Platzen stand und dann angefangen hatte, sich zu entleeren. Erst ein leichtes Tröpfeln, das übergegangen war in einen dramatischen Regenguss, sich langsam beruhigt, ja fast aufgehört hatte, doch dann in einem tosenden Trommelwirbel einen letzten prasselnden Schauer zu Wasser brachte. In dieser dramatischen Vorstellung hatte sich die Wolke vollständig verausgabt und war jetzt nur noch ein kleiner Dunststreifen am Himmel. Die ganze Zeit über hatte ich dagesessen und gespannt dem Spektakel zugesehen. Ich hatte sogar meine Musik ausgemacht und von unten Chips und Cracker geholt. Nun war die Vorstellung beendet und ich kam mir etwas dämlich vor, wie ich allein dasaß und laut lachte, ohne von jemanden die Bestätigung zu bekommen, die man eben suchte, wenn man vor Freude über etwas laut lachen musste.

Vor ein paar Tagen hatte ich mit einem deutschen Segler festgestellt, dass wir sehr verschiedene Ansichten und auch Segelstile hatten. Er startete mit seiner Crew von Ventspils aus direkt nach Polen, was ungefähr die doppelte Strecke war zu dem, was ich von Klaipeda aus plante. Seine Frau beschrieb ihn als »Die-ganze-Zeit-auf-dem-Deck-herumturn-und-trimmer«-Typ, und ich, wie ich jetzt feststellte, war eher der »Morgens-Segel-setzen-und-abends-gucken-ob-sie-noch-stehen«-Typ. Ich war viel zu bequem, als dass ich irgendwo herumsprang, nur um den Bootsspeed zu optimieren. Dann kam ich eben eine Stunde später an – Hauptsache, ich kam überhaupt an, günstigstenfalls sogar dort, wo ich es geplant hatte!

Das einzige Schiff, das sich heute noch auf dem Wasser befand, war die Kiwi. Wir hatten zusammen den Hafen verlassen, und ich hatte sie gebeten, ein wenig aufmerksam zu sein und sich später daran zu erinnern, dass dort noch ein kleines blaues Boot kommen musste. Sie hatten mir geraten, das Funkgerät anzustellen, und so hörte ich kurz vor der Einfahrt in den Industriehafen von Klaipeda, wie sie sich im Hafen anmeldeten. Das hatte ich bisher noch nirgendwo getan, doch folgte ich ihrem guten Beispiel und sprach artig nach, was ich gehört hatte. Beruhigt, so korrekt gehandelt zu haben, fuhr ich im Entenmarsch der Kiwi nach in den Hafen. Da kam ein offiziell wirkendes Motorboot auf mich zugebraust, während mir von Land ein uniformierter Mann aufgeregt zuwinkte. Ich fuhr dicht an die Pier heran, auf der er stand, musste jedoch aufpassen, nicht ebenso an ihr zu zerbrechen, wie die Wellen, die im Hafen wild durcheinanderschwappten. Trotzdem bestand der uniformierte Mann mit Hut darauf, dass ich noch näher kam und hielt von oben mein Want fest. Diese Pier war einfach nicht für so kleine Boote wie meines gemacht. Er stand zwei Meter über mir und erklärte von oben in aller Ruhe den Unterschied zwischen Klaipeda Traffic und Klaipeda Port, denn er warf mir vor, mich nicht vorschriftsmäßig angemeldet zu haben. Währenddessen wurde meine alte Dame immer wieder mit einem harten Ruck gegen die Pier gestoßen, und ich beeilte mich, ihm reumütig in allem zuzustimmen. Nach einer gefühlten Ewigkeit ließ er mich wieder los. Ich hatte keine Ahnung, was die Aktion gebracht haben sollte, außer einem weiteren Dutzend Kratzer an meiner Steuerbordseite.

Die Kiwi wartete vor einem großen Militärschiff auf mich, hinter dem die Einfahrt des Yachthafens lag. Es gab nur einen Steg, und der war komplett voll. Noch während ich überlegte, wo ich sonst anlegen konnte, knoteten zwei Männer in der Mitte ein paar Boote vom Steg ab und schoben sie zur Seite. Dann befestigten sie die Schiffe an einer anderen Klampe, an der bereits drei Boote übereinanderhingen, und bedeuteten mir, in die nun freie Lücke zu fahren. So machte man das hier eben.

In der Stadt traf ich mich mit Elias und Lorenz in einem Café. Ich kannte sie aus meinem Segelverein, wo ich im letzten Herbst versucht hatte, ihnen das Segeln beizubringen. Weit waren wir damals nicht gekommen, weil der Winter schneller als erwartet Einzug gehalten hatte und Elias nach dem ersten Termin zum Studieren nach Sachsen-Anhalt gezogen war. Trotzdem hatten sie vor, mich zu begleiten, vorbei an der russischen Enklave nach Polen, doch würde aus diesem Vorhaben nur etwas werden, wenn der Wetterbericht sich bald änderte, denn er kündigte für die gesamte kommende Woche Sturm an. Aus Überfluss an Zeit fingen wir an, uns mit kulturellen Dingen zu beschäftigen, machten einen Rundgang durch die Stadt, schauten uns alte Häuser an und blieben an jeder zweiten Informationstafel stehen. Und es war wirklich interessant. Zwar hatte ich schon einmal etwas von dem Ort Memel gehört, doch dass er hier lag und einst die Hauptstadt des Königreichs Preußen war, hatte ich bisher nie in Zusammenhang gebracht. Bis 1945 waren die Deutschen hier gewesen, dann wurde alles aus der Stadt verbannt, was in irgendeiner Art und Weise an sie erinnerte. Ich hoffte, nicht noch immer auf eine unterschwellige Abneigung zu treffen, und traute mich kaum mehr, laut zu sprechen. Unser Geschichtspfad endete in den Hallen der alten Memelbrau-Brauerei. Anscheinend war wirklich alles Deutsche aus diesem Land vertrieben worden, denn mit dem deutschen Reinheitsgebot hatte das Cherry-Schwarzbier nichts mehr zu tun. Doch die Leute schienen hier eh auf alles zu stehen, was süß und fettig war. Bei der Bestellung deutete Lorenz auf den Teller am Tisch nebenan, und wir bekamen zu unserem exotischen Bier noch einen Korb mit Brot. Es war in Streifen geschnitten und in einem Verhältnis von 1:1 aus Brot und Knoblauch in der Fritteuse kross gebacken worden. Wir aßen uns kugelig satt, denn wieder einmal gab es an Bord nicht viel, nicht einmal Spiritus, und wieder einmal war Sonntag. Daher verbrachten wir den Montag mit Nahrungssuche in einem Supermarkt in einer riesigen Shoppingmall. In unserem Einkaufswagen befand sich bereits alles, was meine hungrigen Augen sich vorstellen konnten. Auf dem Weg zur Kasse kamen wir an einer Regalfront mit Bier und anderen Spirituosen vorbei, die eine der Hallenwände komplett ausfüllte. Lorenz griff nach einem Bier aus einer großen Bierkastenpyramide, schon stand eine Frau in Supermarktkittel vor uns und blickte uns strafend an. Langsam ließ er die Flasche zurück in den

Kasten gleiten. Auf Litauisch begann die Frau auf uns einzureden. Wir versuchten, ihr zu erklären, dass wir kein Wort verstanden. Woraufhin sie uns wiederum erklärte, dass sie kein Englisch sprach und ihren Monolog auf Litauisch fortsetzte. Während wir noch überlegten, ob wir einfach gehen sollten, nahm sie ihr Telefon, wählte eine Nummer und reichte mir den Hörer. Fragend schaute ich die Jungs an, nahm das Telefon und hielt es mir ans Ohr. Die Stimme am anderen Ende bemühte sich, mir die Gesetze des Landes zu erklären, ich bedankte mich und legte auf. Für uns würde es heute kein Bier geben, denn heute war der erste Schultag. An diesem Tag durfte in ganz Litauen kein alkoholhaltiges Getränk verkauft werden. Auf dem Rückweg zum Hafen versuchten wir, die Logik dahinter zu verstehen. Die Vorbildfunktion konnte wohl kaum der Grund sein, denn die Tage zuvor hatte man durchaus genug auf Vorrat kaufen können. Vielleicht waren die litauischen Erstklässler auch einfach so verdorben, dass sie sich in der Vergangenheit immer nach ihrem ersten Schultag zusammen in einer dunklen Ecke hinter dem Supermarkt getroffen hatten, um auf ihre bevorstehenden zwölf Jahre Gefangenschaft anzustoßen ...

Das Alkoholproblem setzte sich leider auch bei der Suche nach Spiritus für den Kocher fort. In jedem Laden, in dem wir fragten, mussten wir uns als Erstes einen schelmischen Blick gefallen lassen und dann den Hinweis auf den ersten Schultag, abgesehen davon, dass wirklich niemand dieses Zeug führte. In einem Segelfachgeschäft erhielten wir den Tipp, im Baumarkt nachzufragen, doch war der nächste eine Stunde entfernt. Wir orderten ein Taxi, fragten, ob wir auch mit Karte zahlen durften, und fuhren zu unserer letzten Hoffnung. Vor den Türen des Baumarkts angekommen, stellte der Taxifahrer fest, dass er doch keine Karte nahm. Doch bevor wir ihm anbieten konnten, eben Geld abzuheben, verdrehte er entnervt die Augen und fuhr weg. Immerhin waren wir jetzt beim Baumarkt. Aber auch hier konnte uns niemand helfen, und wieder mussten wir über uns ergehen lassen, dass wir als alkoholsüchtige Deutsche abgestempelt wurden, die sogar bereit waren, Brennspiritus zu trinken. Egal, was wir sagten, es kam nur ein breites Grinsen und ein »Ja, ja!« zurück. Wir liefen hilflos durch die Regale und fanden eine Flasche mit Flüssigkeit, auf der »100 % Spiritus« draufstand. Mit zwei Flaschen Pinselreiniger machten wir uns auf den Rückweg. Diesmal mussten wir laufen, da wir immer noch kein Bargeld besaßen und uns so kein Taxi noch einmal mitnehmen würde.

Das schlechte Wetter hielt weiter an, und wir hatten keine Lust mehr, zu warten. Von der Kiwi erfuhren wir, dass es einen Hafen im Haff gab, das hinter Klaipeda begann und bis zur russischen Grenze reichte. Sie würden dort morgen hinfahren, denn es lag geschützt in Lee der Kurischen Nehrung, und der Weg dorthin wäre auch völlig unkompliziert. Das war ein entscheidender Hinweis für uns, denn für die Kurische Nehrung fehlten uns die Karten. Sie erklärten uns den Weg: Immer geradeaus, bei der 21 abbiegen und auf den Betonklotz im Wasser achtgeben, wäre ganz einfach, erklärte sich schon alles von selbst. An einem Tag, für den wieder einmal Sturm bis acht Beaufort vorausgesagt war, machten wir uns auf den Weg nach Nida. Wir folgten dem Fluss immer weiter, bis wir an ein paar Strommasten kamen, von denen Kabel über den Fluss gespannt waren. Auf mich wirkten sie etwas zu tief hängend, doch war das mit dem Schätzen gerade bei mir ein Thema für sich, und die doppelt so große Kiwi war hier schließlich auch durchgefahren. Wir setzten unseren Weg fort, und ich versuchte, mich mit der rationalen Feststellung über das Größenverhältnis zu beruhigen. Doch je näher wir kamen, desto sicherer wurde ich mir, dass es niemals passen konnte. Eher würde ich zurückfahren und das Nida-Vorhaben sein lassen, als hier versuchen, durchzukommen. Unter voller Maschine kämpften wir uns gegen die kurze Welle zurück, in der wir stecken blieben wie ein Hackebeil, das versuchte, ein Kilo Marshmallows zu durchtrennen. Da sahen wir eine grüne Tonne, auf der eine kleine 21 aufgemalt war. Das hatten sie also gemeint, und mit einem Mal verstand ich auch das blaue Schild mit dem durchgestrichenen Segelboot. Die Kiwi hatte recht gehabt, es klärte sich alles von selbst. An der 21 bogen wir ab, fanden den Betonklotz und kamen wieder an die Stromleitung, nur diesmal nicht am tiefsten Punkt. »Der Strom von solchen Leitungen kann übrigens bis zu vier Meter überspringen.« – Das hätte Lorenz nicht sagen dürfen. Mit einem Mal schlug ich das Ruder komplett ein und wir machten eine 180°-Wendung auf der Stelle. Aus einer Karte hätten wir mit Sicherheit ablesen können, wie hoch die Kabel tatsächlich hingen, so aber verkroch ich mich mit zusammengekniffenen Augen in der Kajüte und überließ das Ruder den Jungs. Natürlich waren wir locker unter den Leitungen durchgekommen, was auch nicht verwundert: Wie wir später erfuhren, hingen sie auf 27 Metern.

Von da an hangelten wir uns von Tonne zu Tonne und hofften bei jeder erreichten, die nächste möglichst bald zu entdecken. Wir rauschten mit konstanten sieben Knoten von hinten nur unter Fock im grünen Haffwasser Richtung Süden nach Nida und verfolgten die beeindruckende Landschaft. Hier musste jeder wahre Ostseesegler einmal gewesen sein! Nach ein paar Stunden erhob sich auf dem schmalen Landstrich ein Sandhaufen, der immer größer wurde. Nida selbst musste schon dreimal versetzt werden, da dieser gigantische Sandberg sich immer weiter vorschob.

Der Hafen selbst sah aus wie jeder andere in der Gegend zu dieser Jahreszeit – klein, leer und nass. Die ganze Aufregung, die um diesen Ort gemacht wurde, die ganzen Menschen, die hier in Ausflugsbussen hinpilgerten, und auch der Hügel selbst wirkten aus unserer Perspektive geradezu lächerlich. Waren wir die Einzigen, die das so sahen? Um der Sache auf den Grund zu gehen, liefen wird los, den Grund für all die Aufregung zu finden. In weiser Vorsehung hatten wir uns Regenjacken und einen Beutel für Pilze mitgenommen. Lorenz war furchtbar wild auf das Pilzesammeln, und da die Jungs an Bord auf Fleisch weitgehend verzichten mussten und damit auch auf das Jagen, konzentrierte er sich als emanzipierter Homo erectus eben auf das Sammeln. Wir liefen entlang einer kleinen Bucht, krochen durch das

Dickicht eines Waldes, dessen Bäume gerade hoch genug waren, um Zwerge zu verstecken, und kamen schließlich auf den offiziellen Weg, der an die Spitze der Düne führte. Oben gab es eine Plattform, von der aus wir weit über das brausende Meer gucken konnten. So standen wir gegen Abend dort oben, auf der einen Seite eine Ölbohrinsel vor der untergehenden Sonne und auf der anderen die russische Grenze. Sie war nur ein unscheinbarer Maschendrahtzaun, der durch einen Wald und ein paar Felder führte, gar nicht weit entfernt. Es war schön hier oben, doch die Vorstellung, dafür einen Tag lang mit zwei Dutzend Rentnern einen unklimatisierten Bus zu teilen, fand ich wenig überzeugend – nicht dass ich etwas gegen Rentner hätte, im Gegenteil, die meisten sind echt lustig, und auch ich freue mich schon auf das Alter der unendlichen Freizeit. Aber der Aufwand schien mir in keinem Verhältnis zum Erlebnis zu stehen. Schön ist es anderswo auch. Wie auch immer: Die Nähe zur russischen Grenze würde mir noch zum Verhängnis werden. Zurück am Boot, enthielt unser Pilzbeutel genau einen Pilz. Egal, kochen konnten wir eh noch nicht. Der Versuch mit dem Pinselreiniger war eindeutig gescheitert – einen ganzen Tag lang hatte es im Boot wie in einer Schadstoffverbrennungsanlage gerochen. Am Abend telefonierte ich mit Joschka. Die Russen hatten ihr Handynetz weit über die territoriale Grenze erweitert und auf meinem Handy war noch ein Restguthaben von drei Euro, doch konnte ich mein Prepaidkonto ins Unendliche überziehen. Am Ende machte das folgende Rechnung:

19 min x 2,65 Euro/min = 37 Euro Gesprächskosten

3 Euro Restguthaben – 37 Euro Gesprächskosten = –34 Euro Handyguthaben

Dazu kamen noch 50 Euro Strafgebühr für das Überziehen, was zu einem Gesamtbetrag von 87 Euro führte, für eine gute Viertelstunde telefonieren. Ich hätte mich ohrfeigen können.

Der Wind beruhigte sich, was sowohl gut war für den Rückweg nach Klaipeda als auch für unsere geplante Überfahrt. Kurz vor Klaipeda bemerkte ich dann, dass wir nicht nur keine Karten von der Kurischen Nehrung diesseits besaßen, nein, auch für den Abschnitt an Russland vorbei klaffte bei uns ein kartenloses Loch bis zur polnischen Grenze. Für die Nacht in Klaipeda machten wir in einem Hafen fest, den es eigentlich gar nicht mehr gab. Die Kiwi lag ebenfalls hier und hatte uns geraten, von hier aus zu starten, da es das Einfachste war. Ich ging zu ihnen rüber, um ein letztes Mal den Wetterbericht abzuklären und vor allem, um mir aus ihren Seekarten die Koordinaten herauszuschreiben, die ich als Wegpunkte im GPS benutzen wollte. Am Morgen schwamm vor unserem Boot ein Meer von Holzplanken mit langen Nägeln. Es sah aus wie in einem alten Computerspiel, in dem man auf verschiedene Sachen springen musste, um einen Fluss zu überqueren. Wir kämpften uns durch das erste Level und fuhren ein paar Meilen raus, dann konnten wir Danzig anliegen. Ich hatte ein wenig Angst vor der Überfahrt, war meine letzte Erfahrung mit nichtsegelnder Crew, Langstrecke und Russland doch durchaus prägend gewesen. Wir würden für die 115 Seemeilen den Wind von hinten haben, uns einfach treiben lassen und hoffen, dass meine Wegpunkte richtig waren. Würde meine Navigation aufgehen, sollten wir genau die enge Durchfahrt erwischen, die zwischen der russischen Seegrenze und dem russischen Schießgebiet lag, sechs Seemeilen weiter draußen. Die Leuchtfeuer von Land schienen mit einer Reichweite von 17 Seemeilen, also mussten wir stets so fahren, dass wir sie sahen, doch nicht zu nah, denn dann kamen wir in die Zwölf-Seemeilen-Sperrzone und das sahen die Russen mit Sicherheit nicht gerne. Warum konnte bei mir nicht einfach einmal alles normal laufen?

Gleich vor dem Hafen wurden wir kräftig durchgeschüttelt. Ein letztes Mal überlegten wir, umzudrehen, doch das Wetterfenster der kommenden zwei Tage war wahrscheinlich die einzige Chance, mit humanen Wetterbedingungen an Russland vorbeizukommen. Die Kiwi schrieb uns eine Nachricht. Draußen hatte es fünf bis sechs Windstärken, doch immerhin würde sich die Welle beruhigen. Bis dahin hatte sich bei einem Drittel der Crew das Wurstbrot zum Frühstück schon längst wieder seinen Weg ins Wasser gebahnt – und das nicht nur einmal. Nach ungefähr dem sechsten Mal wurde es langsam dunkel. Die Wellen waren tatsächlich ruhiger geworden, wenn auch leider nicht kleiner. Wir mussten irgendwo nördlich von Russland sein. Manchmal, wenn die Wolken über uns aufrissen, konnten wir die Sterne sehen. Jedes Mal wieder war es so unglaublich, dass wir darüber fast unsere Müdigkeit und die Schweinekälte vergessen konnten. Doch irgendwann zog sich der Himmel vollständig zu und Schwärze beherrschte die Umgebung. Es war so dunkel, dass wir sogar die Böen erst kurz bevor sie uns erreichten bemerkten – daran, dass das Boot aus dem Ruder laufen wollte, wie es über den Tag einige Male passiert war. Zunächst sahen wir noch die Lichter von Land, doch irgendwann verschwanden auch sie wegen zu schlechter Sicht. Als dann auch noch das GPS ausfiel, wünschte ich mir, überall zu sein, nur nicht hier. Mit dem sich übergebenden Lorenz in Lee, der heute wohl kein Steuer mehr in die Hand nehmen würde, und Elias daneben, der an einer Hand abzählen konnte, wie oft er bisher auf einem Segelschiff gewesen war, hatten wir nicht die beruhigendsten Voraussetzungen. Dazu hatte ich noch den Fehler begangen, auf die Uhr zu schauen. Es war gerade erst kurz nach zwölf. Wann sollte die Sonne wieder aufgehen – um fünf? Das Einzige, woran wir uns bis dahin halten konnten, war ein etwas hellerer Streifen am Horizont, den man erkannte, wenn man die Augen zusammenkniff und dabei blinzelte. Bei jedem Ruderwechsel gaben Elias und ich uns die Information weiter, auf welches Ende des hellen Streifens gerade zugesteuert werden musste. Zwischen drei und vier Uhr morgens hatten wir dann unseren Tiefpunkt erreicht. Wir wechselten ungefähr alle halbe Stunde, weil wir total übermüdet waren und anfingen, in der Dunkelheit irgendwelche Sachen zu entdecken. Einmal meinte Elias, direkt vor uns ein großes Boot zu sehen, weckte mich verunsichert auf und fragte, wohin er ausweichen sollte. Mir ging es kein bisschen besser. Ich erkannte unzählige Gerüste, die sich vor uns aus dem Wasser hoben. Doch egal, wie müde ich war, schlafen konnte ich nicht, dafür war es zu kalt, und um nach unten zu gehen, fehlte mir die Ruhe. In der Dunkelheit überkamen mich die wüstesten Gedanken von russischem Kanonenhagel bis zu mahlstromartigen Abgründen, die sich vor uns auftaten. Ab fünf begann es dann, hell zu werden, und mit den ersten Sonnenstrahlen glätteten sich unsere Sorgenfalten auf der Stirn. Auch Lorenz, dem wir in der Nacht eine Decke umgeschlungen hatten, erwachte wieder von den Toten. Als er uns sah, übernahm er freiwillig das Steuer. Sofort schlüpfte ich so, wie ich war, mit Ölzeug und Schwimmweste, in meinen warmen Schlafsack. Sobald ich meine Füße wieder spürte, schlief ich ein.

Lautes Gelächter weckte mich ein paar Stunden später. Elias und Lorenz waren gerade dabei, die Salami zu bestrafen, die Lorenz für seine Übelkeit verantwortlich machte, indem sie sie an den Haken eines Köders hängten und sie an 100 Metern Nylonfaden am Heck befestigten. Kurz vor Land biss tatsächlich ein Fisch an. Auch ihm schien die Salami nicht bekommen zu sein, denn als Lorenz ihn zu uns an Bord zog, wehrte er sich mit keinem Zucken mehr. Was dann passierte, war einfach nur noch eklig. Damit ich mich nicht auch noch übergeben musste, ging ich nach unten und hielt mir Augen und Ohren zu. Sie machten den Fisch mundtot und hängten ihn an einer Plastiktüte an den Mast, da ich ihnen verboten hatte, die Leiche in der Plicht liegen zu lassen. Dafür erinnerte noch Tage später eine Blutlache an Deck an die barbarische Schlacht mit dem Hornhecht. Die Jungs fanden es lustig, ich aber machte für diese Zeit einen großen Bogen um den Bug und legte so an, dass ich vorne nicht vorbeimusste.

Zur Belohnung für die überstandene Fahrt wollten wir in Danzig essen gehen. In der Altstadt sollte es ein typisch polnisches Restaurant geben, das laut unserem Reiseführer noch an Sowjetzeiten erinnerte. Leider war es geschlossen, und für die kaschubische Bauernküche im Restaurant neben an war Lorenz nicht zu begeistern. Er wollte Fisch, und mir war nach zwei Stunden Suchen alles recht, Hauptsache, es gab etwas zu essen. So standen wir wenig später in einem noblen Fischlokal zwischen gut gekleideten Menschen, die uns anguckten wie einen Zyklopen mit drei Ohren. Lorenz fühlte sich sichtlich wohl, Elias und ich uns hingegen ein wenig deplatziert. Das Essen war wirklich gut, wie man es von so einem Laden auch erwartete. Für die Jungs gab es ein hübsch bereitetes Fischlein mit einer Kartoffel und für mich ein Spargelcremesüppchen mit Gorgonzola und marinierter Birne. Ich wurde von so etwas durchaus satt, die Jungs eher weniger, deshalb führte unser Rückweg in einem kleinen Abstecher vorbei an einem Subway.

Früh am nächsten Morgen mussten Lorenz und Elias abheuern. Als Abschiedsgeschenk hatten sie sogar noch das Deck von Blut befreit. Bis Joschka dann für die letzte Etappe einstieg, hatte ich noch ein paar Tage Zeit. Ich wollte sie nutzen, um endlich einmal etwas Sinnvolles zu machen, denn bald würde die Reise vorbei sein. Mittlerweile hatte ich akzeptiert, dass ich mich auf dem Rückweg befand, wobei das Wetter bei der Akzeptanz ganz gut half. Den Tag verbrachte ich damit, mir die Stadt anzuschauen und auf der kleinen Halbinsel gegenüber vom Hafen durch ein paar alte Ruinen zu klettern, Fotos zu machen und zu zeichnen. Als ich am Abend zurück zum Schiff kam, hatte ich neue Nachbarn bekommen. Es war ein riesiges Schiff aus Holz und sah ein wenig verrottet aus. Gerade war niemand an Bord, doch nahm ich mir vor, die Besitzer kennenzulernen, denn sie hatten bestimmt eine ebenso spannende Geschichte wie das Schiff selbst.

Am Abend stand ich dann mit drei polnischen Mädchen an Deck des Holzboots und hörte eine italienische Opernversion des Liedes »Cantare«, hinter uns die Philharmonie, die in warmen Gelb angestrahlt wurde, und vor uns auf der Halbinsel die alte zerfallene Ruine, auf der ich den Nachmittag verbracht hatte. Dahinter lag die Altstadt Danzigs, die sich bei vollkommener Windstille romantisch im Wasser spiegelte. Es war mit Abstand das Kitschigste, was ich je erlebt hatte, und wäre es ein Film gewesen, ich hätte ihn wahrscheinlich mit einem

abschätzigen Blick ausgeschaltet. Zwei der Mädchen hatten Geburtstag. Als Überraschung hatten ein paar Freunde das Boot gechartert und waren mit ihnen und einer Gruppe von 15 Leuten hierhergekommen, um zu feiern – laut, lang und ausgiebig. Deshalb schenkte ich ihnen zum Geburtstag Kopfschmerztabletten. Sie waren total glücklich und luden mich für den nächsten Tag ein, mit nach Hel zu fahren, eine vorgelagerte Halbinsel auf der anderen Seite der Danziger Bucht. Ich verwarf all meine vernünftigen Pläne, die Welt zu retten, und verließ mit ihnen gegen Mittag auf dem wuchtigen Holzschiff den Hafen.
Es war angenehm, einfach nur Mitfahrer zu sein, sich an Deck in die Sonne zu legen und sich für nichts verantwortlich zu fühlen. Alle sahen noch etwas verknittert aus, was sie aber nicht davon abhielt, ihr Frühstück mit Wein zu beginnen. Wahrscheinlich war ich die Einzige, die abends nüchtern auf Hel ankam. Aleksandra drückte mir die Schlüssel ihres Autos in die Hand. Wir wollten in eine Pizzeria in der Nähe, und ich konnte als Einzige noch fahren. Es war das erste Mal seit fünf Monaten, dass ich wieder ein Auto lenkte, und etwas ungeschickt erreichten wir die Pizzeria. Wie die anderen hingekommen waren, weiß ich nicht und wollte es auch gar nicht wissen. Die letzten Tage hatte ich nie lange geschlafen, und nach dem Essen war ich müde. Wir fuhren zurück zum Campingplatz, wo sie über den Sommer alle wohnten und einen Surfladen betrieben. Kaum angekommen, holte Rob ein paar Flaschen selbst gebrannten Zitronenvodka aus dem Kühlschrank. Die Polen hatten eindeutig einen anderen Tagesrhythmus als ich, denn für sie begann nun erst der Tag. In dieser Tagnacht lernte ich eine typisch polnische Abendgestaltung kennen und das Geheimnis, zu trinken, ohne am nächsten Tag einen Kater zu haben. Doch gegen die Müdigkeit half auch das nicht. Grzegorz gab mir den Schlüssel seines Wohnwagens, und ich ging als Erste schlafen. Der Wohnwagen hatte eine kleine abgetrennte Kammer mit einem Hochbett, in das ich kletterte und auf der Stelle einschlief. Am Morgen wurde ich etwas unsanft und viel zu früh von zwei sich liebenden Menschen geweckt. Die Wände des

Wohnwagens waren so dünn, dass ich das Gefühl hatte, im gleichen Bett zu liegen. Wie gerne hätte ich sie allein gelassen, doch um den Wohnwagen zu verlassen, hätte ich direkt an ihnen vorbeigemusst. So lag ich da, versuchte, herauszufinden, wen sich Grzegorz mitgebracht hatte, und hoffte, dass sie bald fertig wurden. Intensiver konnte man die polnische Jugendkultur wohl kaum erlebt haben. In der Nacht hatte er mir versprochen, mich am nächsten Tag zurückzufahren, und so saßen wir nach dem Frühstück etwas beschämt zusammen im Auto und fuhren Richtung Danzig.

Nun hatte ich noch knappe fünf Stunden Zeit, mich endlich auszuruhen und das Boot in einen Zustand zu bringen, der Joschka nicht gleich wieder zur Abfahrt nötigen würde. Doch brachte ich weder das eine fertig noch das andere, denn ich war einfach zu aufgeregt. Es war so viel passiert, seitdem wir uns das letzte Mal gesehen hatten, und ich war gespannt, wie er sich verändert hatte – ich hatte es definitiv getan. Abends am Flughafen fielen wir uns in die Arme, und er begrüßte mich mit den Worten: »Ich werde in Nürtingen studieren. Pferdewirtschaft.«

13.

»So ja mein Herr, ja mein Herr, ja ich war es
Ich weiß, was ich getan habe, weil ich weiß, was ich gesehen habe«

(Mumford and Sons – Dust Bowl Dance)

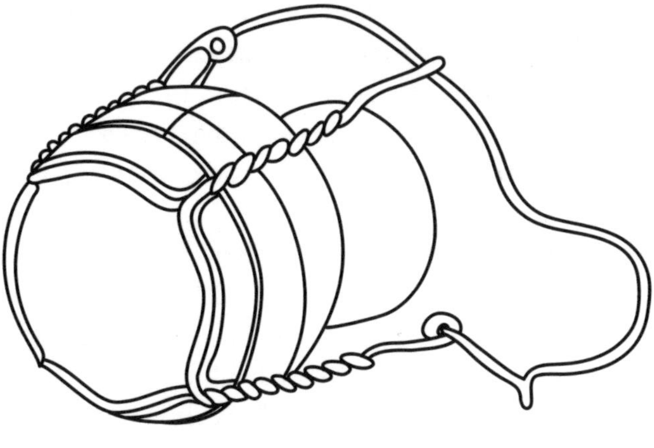

Ich war sprachlos. Nürtingen – wo zum Teufel lag Nürtingen? Und Pferdewirtschaft – war das sein Ernst? Ja, das war es, und wir hatten uns beide entschieden. Es würde nicht einfach werden, aber es gab für alles eine Lösung. Der gleichen Meinung war auch die Sonne, die zustimmend einen zweiten Sommer verkündete. Bei einem Konditor in der Stadt kauften wir noch schnell Kuchen, den es wohl nirgends bunter, süßer und sahniger gab als hier, dann verließen wir Danzig. Einen halben Tag fuhren wir durch die Danziger Bucht und um die Ecke nach Wladislawowo, eine der unattraktivsten Städte, die ich je gesehen hatte. Sie war grau und bestand aus heruntergekommenem Beton. Nirgendwo auf der Straße war ein Mensch zu sehen. Zu allem Überfluss waren das Einzige, wovon es hier wirklich genug gab, Wind und Regen. Drei Tage lang teilten wir unser Leid mit dem einzigen Schiff, das noch in diesem Hafen lag – ein Deutscher, der trotz des nahenden Herbsts auf dem Weg nach Lettland war.

Noch nie hatte ich so viel Regen erlebt wie in diesen Tagen. Eine halbe Woche lang war der spannendste Moment des Morgens der Gang zum Hafenmeister, um nach dem Wetterbericht zu schauen. Doch jedes Mal wurden wir auf den nächsten Tag vertröstet. Joschka tat mir leid. Ich hatte einen wunderschönen Sommer auf der Ostsee erlebt, und das war nun eben der Herbst. Lag in dieser Situation nicht die Ironie des Schicksals? Das Einzige, was er auf dem Wasser kennengelernt hatte, war der Frühling gewesen, in dem es kein bisschen trockener ausgesehen hatte, geschweige denn wärmer. Im Boot fanden wir eine kleine Plane, die wir über den Baum spannten und so einen Teil unserer Veranda trockenlegen konnten. Trotz des Wetters hatte ich gute Laune, es würde ja nicht ewig so gehen, und bis dahin mussten wir uns das Leben nicht unnötig schwer machen. So spazierten wir über graue Wiesen, verschlossene Jahrmärkte, vorbei am Strand und durch leere Straßen. In einer fanden wir einen Eis- und Waffelstand, der vom Sommer übrig geblieben war und offensichtlich das Ende der Saison verpasst hatte. Die runde Verkäuferin stützte ihren Kopf gelangweilt auf ihren dicken Arm und beobachtete die leere Straße. Die Waffeln waren riesig, obendrauf gab es eine doppelte Schicht Sahne und dazu Früchte, Gelee, Schokolade und bunte Streusel. Offenbar hatte sich dieses Land vorgenommen, uns ebenso rund zu mästen, um uns später in Deutschland als glücklichen Bioschinken verkaufen zu können.

Am vierten Tag bekamen wir endlich grünes Licht. Der Hafenmeister versicherte uns leichte vier Windstärken, und auch unsere Nachbarn wagten den Absprung ins zwei Tage entfernte Lettland. Noch einmal machten wir unsere tägliche Frühgymnastik zum Kopf der Mole. Es sah immer noch etwas ruppig aus, was mit Sicherheit nur an der Restwelle der letzten Tage lag. Noch im Hafen banden wir das zweite Reff rein, doch merkten wir draußen schon bald, dass heute nicht viel mit Segeln war. Der Wind kam genau von vorne, und wenn wir jetzt anfingen, zu kreuzen, würden wir vor übermorgen Leba nicht erreichen. Die ersten zwei Stunden hielten wir die Genua noch ein Stück draußen, dann kam das Kap und unser Ende. Bisher waren wir unter Landabdeckung gefahren, doch jetzt war da nichts mehr, was uns schützte. Der Wind peitschte mir ins Gesicht. Wir wurden immer langsamer. Mit einem Mal verschwand die Sonne hinter dichten Wolken, und eine schwarze Wand kam erschreckend schnell näher. Immer höher türmten sich die Wellen unter uns auf, bis sie irgendwann so hoch waren wie wir selbst. Es gab kein anderes Schiff hier draußen außer uns. Das Wasser zog schwarz unter dem Rumpf vorbei, und die Schaumkronen spannten weite weiße Netze, wenn das Wasser zurückgezogen wurde, hoch zur Wellenspitze, um im nächsten Moment vor unserem Bug zu brechen. Das ganze Schiff erzitterte und brachte den Mast ins Wanken. Wieder türmte sich eine Welle vor dem Bug auf und hob uns an, sodass wir für einen Moment weit in die Ferne blicken konnten. Dann brach sie unter uns weg, und wir stürzten in die Tiefe. Mit einem lauten Krachen kam meine alte Dame wieder auf dem Wasser auf. Unsere Hände krallten sich im Nächsten fest, das sie zu greifen bekamen, Winsch, Reling, Pinne, Traveller – egal. Die schwarze Wolkenfront, die wir vorhin am

Horizont gesehen hatten, kam näher und trieb eine gewaltige Böenwalze vor sich her. Als sie uns erreichte, begann ich ernsthaft über den Tod nachzudenken. Dicke Tropfen prasselten auf uns nieder, und wir wurden immer weiter Richtung Strand gedrückt. Ich konnte nichts mehr erkennen, so dicht war der Regen. Mir fiel es schwer, zu atmen, und meine Stirn brannte vor Schmerzen, wie wenn man kaltes Eis zu schnell verschlang, nur verschlang hier der eisige Regen uns. Unkontrolliert wurden wir durch die Wellen geworfen. Trotzdem versuchte ich, das Boot genau im Wind zu halten, frontal zur Welle, so konnte am wenigsten passieren. Immer wieder krachte es im Schiff, vibrierten die Wanten und wurde der Mast hin und her geworfen. Wir fühlten uns wie in einer Waschmaschine. Das Brausen um uns herum war ohrenbetäubend, und Joschka, der mir gegenübersaß, brachte in seinem Gesicht zum Ausdruck, was auch ich fühlte: Ich wollte das nicht mehr und hatte es doch selbst zu verantworten. Für einen kurzen Moment war ich unaufmerksam gewesen. Eine der Böen erwischte uns etwas von der Seite, bestimmt nur ein paar Grad, doch das reichte aus, und das Boot wurde quer zur Welle mitgerissen. Meine Füße verloren ihren Halt, und ich rutschte runter nach Lee, wo Joschka saß und sich an die Reling klammerte. Mit angsterfüllten Augen starrte er auf die Pinne, die komplett eingeschlagen war. Viel verstand er nicht vom Segeln, doch wenn das Ruder fast im rechten Winkel stand, wir uns dennoch kein Stück in die richtige Richtung bewegten, verstand selbst er, dass wir manövrierunfähig waren. Mit beiden Händen hielt ich die Pinne krampfhaft umschlungen, und schon jetzt spürte ich meine Arme kaum noch. Sie schmerzten vom Halten gegen den Druck im Ruder und von der Kälte meiner feuchten Ärmel. Die Nässe krabbelte mir in den Nacken und rann mir den Rücken hinunter. Mein Blick streifte die Anzeige der Logge: 0,0. Die Bedeutung wurde mir erst langsam bewusst. Die verbleibende Zeit, bis wir in Leba und damit am sicheren Festland ankamen, hatte sich gerade auf ein unerreichbares Unendlich ausgedehnt. Meine ganze Haltung verkrampfte sich immer mehr. Ich atmete durch den Mund ein, und beim Ausatmen spuckte ich einen Schwall Wasser vor mich, der im nächsten Moment von weißer Gischt weggespült wurde. Mir wurde schlecht, doch durfte ich jetzt nicht seekrank werden. Ich versuchte, die Übelkeit runterzuschlucken. Tränen rannen mir über das Gesicht. Zum Glück konnte Joschka sie durch den Regen nicht sehen, ich wollte nicht, dass er bemerkte, wie verzweifelt ich war. So weit war ich gekommen, und jetzt? Wie durch ein Wunder fuhren wir weiter. Langsam kam der Hafen in Sicht. Das Einzige, was uns jetzt noch von ihm trennte, war eine weitere schwarze Walze voll von Furcht und Panik. Um eine hatten wir es geschafft, herumzukommen, durch diese allerdings mussten wir direkt hindurch. Noch einmal vom Regen gefoltert, noch einmal vom Wind rückwärts gedrückt und noch einmal von den Wellen verspottet werden.

Wir erreichten die Einfahrt, die Sonne ging unter, wir hatten es geschafft. Die Leinen vom Boot machten wir nur flüchtig am Steg fest und liefen ins Bad, wo wir die Heizkörper aufdrehten und uns auf sie legten. Müdigkeit und Euphorie kämpften in mir. Das Wasser trocknete und hinterließ eine feine Salzkruste auf unseren Gesichtern. Jetzt, wo ich meine Hände wieder spürte, hörte ich meinen Magen, der laut vor Hunger grummelte. Wir hängten die nassen Sachen über Heizung und Stühle und setzten uns in das Restaurant neben dem Hafengebäude. Heute würde uns egal sein, wie viel es kostete und ob es überteuert war oder ungesund oder sonst etwas für gewöhnlich Hemmendes. Wir bestellten einfach alles aus der Karte, worauf wir Lust hatten. Nach dem dritten Gang legte sich die Euphorie langsam und machte einer erleichterten Müdigkeit Platz.

An Bord angelangt, wollte ich alles, nur nicht ins Bett. Mit Sicherheit würde ich heute Nacht von den Wellen träumen, wie sie sich schwarz über uns auftürmten und uns verschlangen, wir ins ewige Nichts fielen und alles von vorne begann. Das musste ich nicht noch einmal erleben, doch meine Augen widersetzen sich meinem Willen und fielen allmählich zu. Wir wachten erst gegen Nachmittag auf, drehten die Musik lauter, um das Regentrommeln zu übertönen, und verkrochen uns wieder ins Bett, wo wir den Rest des Tages blieben. Eigentlich war es von Leba aus gar nicht mehr weit bis nach Hause. Doch das Wetter setzte eine unbezwingbare Hürde zwischen uns und die deutsche Grenze. Zudem lief uns langsam die Zeit davon, denn Joschkas Studium begann schon Anfang Oktober, zwei Wochen eher als meines. Daher wagte ich einen ersten Blick auf die Wettervorhersage, die, wie ich gelernt hatte, mit Vorsicht zu genießen war. Doch selbst sie sagte für die nächste Woche anhaltendes Unwetter voraus. Unter der aktuellen Wettervorhersage gab es auf der Webseite noch einen Link mit der Bezeichnung »Archiv«. Kurz zögerte ich, dann öffnete ich das Fenster und musste schwer schlucken. *Do16.09. 18UTC SW-W 7–8Bft, Böen 9–10Bft, Welle 3m.* Es war nicht nur total naiv gewesen, was wir gemacht hatten, sondern auch leichtsinnig und dumm, schrecklich dumm.

Die verregneten Tage versuchten wir mit möglichst viel schlafen zu verbringen, wodurch aber lediglich die Pausen zwischen den einzelnen Mahlzeiten verschwindend gering wurden und Frühstück, Brunch, Mittagessen, Kaffeestunde, Abendessen und Mitternachtssnack nahtlos ineinander übergingen. Unser ganzes Leben fand in dieser Zeit auf den knapp vier Quadratmetern des Wohnzimmers statt, da es sowohl draußen als auch vorne zu nass war. Wir fühlten uns wie in einer Gummizelle und merkten dabei selbst, wie wir immer mehr psychotische Züge annahmen. Erst fingen wir an, dummes Zeug zu reden, dann uns gegenseitig auf die Nerven zu gehen, uns zu streiten und im nächsten Moment wieder alles zu vergessen, bis wir irgendwann komplett ausflippten. Wir mussten raus, wir brauchten Abstand. Im Reiseführer las ich, dass es hier einen Nationalpark mit Wanderdünen gab, der zehn Kilometer entfernt lag. Ich hatte eigentlich keine große Lust auf laufen, doch Joschka bestand darauf.

Drei Stunden taperten wir durch einen verregneten Wald, dann trafen wir Jesus. Er stand unter einem Unterstand aus Holz, trug ein weißes Leinenhemd und braune Ledersandalen. Seine Haare hingen ihm nass im Gesicht, und er schien zu frieren. Er war umringt von Menschen, die ebenfalls in Leinen gekleidet waren. Zu ihren nackten Füßen standen Kameras auf Plastiktüten, um nicht nass zu werden. Sie drehten gerade eine Szene für ein Filmprojekt, das in der Wüste spielte. Theoretisch war es wohl um einiges lukrativer gewesen, zur Wanderdüne in Polen zu fahren als nach Libyen. Ob sich das nach wochenlangem Warten in der Praxis bewahrheitete, weiß ich nicht. Die kleine Holzhütte, in deren Schutz auch wir uns stellten, befand sich am Fuß der Düne. Wir tauschten unsere durchnässten Hosen gegen Regenhosen aus und bestiegen den überdimensionalen Sandkasten. Ein mehr oder weniger befestigter Weg, an dessen Rand ein paar Tannenspitzen hervorlugten, die von den Sandmassen schon vor Jahren besiegt worden waren, führte durch den feinen Pudersand nach oben. Auf der 42 Meter hohen Düne bildeten sich kleine Sandstürme, die uns zwangen, die Augen fest zusammenzukeifen und die Hände schützend vor das Gesicht zu halten. Der feine Sand blieb in unseren nassen Klamotten hängen und setzte sich in der kleinsten Ritze ab. Ich war noch nie in der Wüste gewesen, doch genau so hatte es auf den Bildern immer ausgesehen. Ich holte meine Kamera heraus und versuchte, ein Bild von uns zu machen, das aussah, als stünden wir in der Sahara, doch würden wir wohl durchschaut werden – wie oft regnete es dort schon und trugen die Leute dicke Wollmützen? Ich war froh, dass Joschka mich hierhergeschleift hatte, doch zurück hatte ich kein Lust mehr zu laufen. Meine Füße taten weh, und an den Hacken hatte ich bestimmt schon Blasen. Ich war es einfach nicht mehr gewohnt, zu laufen, besonders nicht mit Schuhen. Ich überredete ihn, dass wir uns in das letzte Parkmobil setzten, das heute fuhr. Doch wie wir dort saßen und langsam auskühlten, realisierten wir, dass wir nichts davon hatten, früher zurückzukommen. Die Zeit verging davon auch nicht schneller. Wir stiegen wieder aus und kletterten über die Düne zur anderen Seite, wo der Strand lag. Die Wellen kamen steil angerollt, brachen sich und schleuderten weißen Schaum auf den Strand. Ein Schauer lief mir über den Rücken. Wir liefen am Ufer entlang, bis zum Hafen. Dort zog ich meine Schuhe aus und betrachtete meine Fersen. Sie waren eine einzige Blase. Ich mochte einfach keine Schuhe, und ab jetzt hatte ich auch einen echten Grund, keine mehr zu tragen.

Die Tage wollten einfach nicht vergehen, und wir versuchten sie rumzukriegen, in dem wir so alltägliche Dinge wie Essen machen oder duschen gehen ausgiebig zelebrierten. Die Höhepunkte waren dann das Backen eines Zitronenkuchens, ein Einkauf im Nachbarort und das Schneiden von Joschkas viel zu langen Haaren. Es war eine Operation unter erschwerten Bedingungen, denn der Wind zerzauste immer wieder die von mir gerichtete Frisur, sodass ich nie wusste, wo ich gerade war. Im Boot sahen wir dann das Resultat. Joschkas einziger Kommentar dazu war: »Na, dir muss es gefallen, ich sehe es eh nicht.« Für seine Gutmütigkeit war ich ihm sehr dankbar.

Nach über einer Woche war der Sturm dann vorüber und wir mehr als bereit, der psychischen Härte des Hafengefängnisses zu entfliehen. Ich hatte mir ein Ziel gesetzt: Ich wollte am 26. September wieder in Berlin sein. Doch bis dahin waren es noch 260 Seemeilen. Und heute bereits der 21. September. Ich hatte einen Masterplan entwickelt: Würde alles aufgehen, erreichten wir am Sonntag, den 26. September mit dem letzten Licht Berlin. Waren wir langsamer als fünf Knoten, würde ich sofort den Motor zu Hilfe nehmen. Das Argument, dass wir ein Segelboot hatten, zählte bei einer so knapp berechneten Rückfahrt nicht mehr.

Der Rückfahrtmarathon begann an einem Mittwoch. Es war morgens um fünf und gegen unseren gewohnten Rhythmus so unvorstellbar früh, dass wir resigniert im Stand-by-Modus das übliche Programm von Zähneputzen bis Ablegen abspielten. Gegen Mittag bekam ich dann eine SMS. Sie war von Joern Heinrich, einem Ostseesegler, der sich in der Gegend gut auskannte und mit dem wir uns in Kolberg treffen wollten. Wo wir wären, fragte er; kurz vor Ustka, schrieb ich zurück. Kaum hatte ich gesendet, kam auch schon die Antwort. Wir befänden uns kurz vor einem von drei Sperrgebieten, sie waren alle drei geschlossen, und es wurde scharf geschossen. Ich warf einen Blick auf die Karte. Er hatte wohl recht. Jetzt, wo ich sie mir genauer ansah, bemerkte auch ich die drei Rechtecke mit Ausrufezeichen. Wir befanden uns direkt am südlichen Ende des ersten. Mit einem Mal erklärten sich die hässlichen Schiffe, die wir vor einer Weile an uns hatten vorbeifahren sehen. Mist! Jetzt mussten wir wie ein Pacman vor einer Mauer im rechten Winkel abdrehen und erst einmal zehn Seemeilen rausfahren, was meine ganze Planung über den Haufen warf. Wenn wir trotzdem noch bis Kolberg fuhren, würden wir dort erst Mitten in der Nacht ankommen. Dann um sieben Uhr wieder aufzustehen, war barbarisch. Wir disponierten um und fuhren nach Darlowo, da wir sowieso noch tanken mussten. Ungünstigerweise verpassten wir dort die letzte Brücke, doch würden wir heute eh nicht mehr an Diesel kommen, wie uns die Segler eines hölzernen Piratenschiffs erklärten. So hatte ich mir das alles nicht vorgestellt. Wer war dieses Arschloch, das uns ständig Steine in den Weg legte? Es sollte sich endlich zeigen, und ich würde ihm schon klarmachen, was ich davon hielt. Doch niemand kam, ich verlor die Lust am Warten und ging duschen. Als ich zurückkam, stand ein bis zum Rand gefüllter Kanister mit Diesel in der Plicht, aus dem noch ein paar Tropfen das schwarze Plastik hinunterliefen. Ich sah mich verwundert um. Joschka stand zufrieden an der Pier. Das Piratenschiff hatte uns den Sprit geschenkt. Ich entschuldigte mich gedanklich für meine bösen Worte und freute mich den Rest des Abends zusammen mit ihm über die Nettigkeit der Piraten, die Nettigkeit anderer Leute und die Nettigkeit der Welt im Allgemeinen.

Wieder begann unser Tag um fünf Uhr, noch lange vor den ersten Sonnenstrahlen, in der Hoffnung, so die 30 Seemeilen des Vortags aufzuholen. Daher hieß das heutige Tagesziel nicht mehr Kolberg, sondern Dziwnow, was doppelt so weit entfernt lag. Dort sollte es einen Kanal geben, der direkt in das Stettiner Haff führte. Wir hatten herrlichstes Segelwetter. Es war sogar so schön, dass ich auf Joschkas Lippen den Ansatz eines Lächelns erkennen konnte, als wir mit sechs Knoten Speed, Wind von der Seite und ohne Welle nach Westen flogen. Bei Kolberg ließ der Wind aber doch nach, und wir starteten den Motor. Joschka übernahm das Steuer, und ich turnte fröhlich auf dem Deck herum. Gerade als ich ihm einen Vortrag über die Schönheit des Seins halten wollte, kam ein ohrenbetäubendes Piepen dazwischen – der Motor. Die ganze Reise war er zuverlässig gelaufen, und jetzt überhitzte er plötzlich. Ich hatte dieses Geräusch schon fast vergessen.

Joschka ging nach unten und untersuchte alles, was wir inzwischen kennengelernt hatten: Wasserfilter, Wasserzufluss, Impellerpumpe und Ölstand – aber da war nichts. Sonntag in Berlin? Das konnten wir somit wohl begraben. Ohne Motor war es nicht möglich, die Kanäle zu befahren, deshalb würden wir in Kolberg halten, in der Hoffnung, dort bald jemanden zu finden, der uns versicherte, keinen Totalschaden zu haben. Bei Sonnenschein und leichter Brise versuchten wir, in dem schmalen Schlauch der Hafenzufahrt gegen den Strom anzukreuzen, was uns der Hafenmeister über Funk erlaubt hatte. Nach den ersten paar Schlägen auf der Stelle kam ein Gummiboot des »Kapitanat Portu« dazu und begleitete uns – abschleppen durfte es uns nicht. Nach einer Stunde, in der wir effektiv fünf Meter gemacht hatten, kam uns ein weiteres Schlauchboot zu Hilfe. Darauf saßen drei Männer, die lustige Neoprenanzüge und gelbe Fahrradhelme auf den Köpfen trugen. Sie waren anscheinend befugt, unsere Leine zu nehmen, und so tuckerten wir gemächlich in den Vorhafen. Weitere fünf Minuten später gesellte sich zu unserer Eskorte ein riesiger SAR-Abschlepplotse. Langsam fand ich den Aufwand etwas übertrieben, den sie wegen uns veranstalteten, und die ganze Aktion fing an, mir peinlich zu werden. Hoffentlich war der Motor auch wirklich kaputt und wir nicht einfach nur zu doof, um das Problem selbst zu lösen. Von oben aus dem Führerraum des Schleppers winkten uns zwei Männer mit Headsets zu. Sie schienen

Spaß zu haben, doch eine Frage fing uns beide an zu quälen: Wie viel würde dieser Spaß wohl kosten? Immerhin: Wir waren nicht zu doof gewesen – es war Sand in den Motor gekommen. Ich war erleichtert. Joern hatte einen Mechaniker für uns organisiert und war als Dolmetscher vorbeigekommen. Das Ergebnis am Abend war ein versandetes Thermostat, das uns der Mechaniker für eine Flasche Vodka diagnostiziert und ausgebaut hatte. Die Abschleppaktion kostete uns sogar nur ein Lächeln, denn Joern kannte einen der Neoprenmänner, die den warmen Nachmittag als eine willkommene Übung bei gutem Wetter genutzt hatten. Es konnte tatsächlich für uns weitergehen, doch nicht mehr an diesem Abend. Stattdessen stellte ich den Wecker auf drei Uhr, denn der Ehrgeiz hatte von mir Besitz ergriffen. Wir hatten fast einen Tag verloren, doch wollte ich immer noch am Sonntag in Berlin sein – zum Leidwesen von Joschka, der am nächsten Tag Geburtstag hatte.

Als der Wecker morgens um drei Uhr klingelte, ich mit höchsten rhetorischen Mitteln versuchte, meine Augen zum Öffnen zu überreden, ich dann meinen Atem als Kondenswolke über mir schweben sah, weil es nicht über 3 °C hatte, Wasser von der Decke tropfte, ich nur gute vier Stunden geschlafen hatte, die erste Erinnerung der überlastete Motor war und es keine Milch mehr gab für Müsli, sah ich keinen Grund, aufzustehen.

Wir verließen Kolberg dennoch um kurz nach drei, und Joschka legte sich mit seinem Schlafsack zu meinen Füßen in die Plicht. Es war die erste schöne Nachtfahrt an dem letzten Tag meiner Reise auf der Ostsee. Zum ersten Mal war der Himmel sternenklar, und der Mondschein ließ das Wasser sanft glitzern. Es war das erste Mal, dass ich keine Angst hatte, bei Nacht zu fahren. Es gab keine Halluzinationen, keine Gewitter-Wahnvorstellungen, keine klaustrophobischen Gefühle und auch keine Müdigkeitsanfälle. Letztere setzten erst ein, als die Sonne hoch genug stand und Joschka verstanden hatte, wie die Segel richtig einzustellen waren. Heute würden wir das Stettiner Haff erreichen, wo vor fünf Monaten meine Reise begonnen hatte. Doch blieb mir gerade keine Zeit, aufgeregt zu sein, denn ich musste mich auf etwas Wichtigeres konzentrieren. Anstatt zu schlafen, verschwand ich in der Küche. Heute war Joschkas Geburtstag, und wenn ich schon sonst nichts für ihn hatte, wollte ich ihm wenigstens einen Kuchen backen. Es würde eine saftige Tarte au Chocolat werden, gefüllt mit einer zarten Frischkäsecreme und verziert mit Schoko-Karamell-Flocken und Muscheln vom Strand. Oder besser ausgedrückt: ein gebackenes Etwas aus allem, was an Bord noch zu finden war, denn das letzte Mal Einkaufen lag schon über eine Woche zurück.

Das Gesamtkunstwerk stand genau rechtzeitig auf dem Kocher, als wir das Tonnentor vor uns sahen, das wir vor 147 Tagen schon einmal passiert hatten, nur in die andere Richtung.

Ein Wahnsinnsgefühl. In zwei Tagen wollte ich zu Hause sein, doch was war dann? Was würde dann passieren? Würde ich dann plötzlich wissen, was mein Leben von mir wollte? – Irgendwie hatte ich ja gehofft, es auf der Reise herauszufinden. Wie würde das Studium werden? Was aus dem Boot? Was aus meinen Freunden? Man sollte meinen, in der Zeit von Facebook und Skype wäre man nie weit weg von zu Hause, doch wenn es um die wirklich wichtigen Dinge ging, dann war man weiter entfernt, als es mit der Versendung eines Briefes je hätte sein können. Egal, was mich zu Hause erwartete, ich konnte nicht einfach nahtlos an das anknüpfen, was ich vor fünf Monaten in Berlin zurückgelassen hatte. Ich hatte mich verändert. Weder war ich jetzt ein besserer Mensch noch ein schlechterer. All das spielte auch gar keine Rolle, denn mir war etwas klar geworden. Ich holte einen Sekt von unten hoch, den mir eine Freundin zur Bootstaufe geschenkt und dessen Etikett sich im Wasser der Bilge vollständig aufgelöst hatte. Rasmus bekam den letzten Schluck Sherry, und ich hüpfte vor Aufregung durch die Plicht. Mit einem lauten Ploppen öffnete sich die Flasche, und der Korken verschwand in der Luft.

Ja, ich war 2911 Seemeilen gefahren. Ja, es waren 9,5 Länder gewesen, ja, ich war gerade mal 20, und ja, ich hatte mir das Boot selbst gekauft. Aber darum ging es nicht. Es waren Fakten, mit denen man später prahlen konnte, wie in einem Quartett-Kartenspiel, doch Bedeutung hatten sie keine. Es waren die Grenzerfahrungen, die mich geprägt hatten, und das konnte sowohl der Schock der ersten Fehlnavigation sein als auch der dritte Sturm oder das verzweifelte Nicht-wissen-Wie. Auf der anderen Seite stand dann der Blick über eine unfassbare Insellandschaft, die einem das Gefühl gab: Ich hab's geschafft, hier bin ich ich. Es waren die Momente, in denen ich niemandem mehr beweisen musste, wie toll ich war oder wie verantwortungsbewusst, wie abenteuerlustig oder wie überlegt. Es waren die Momente, in denen ich genau das Gegenteil erfahren hatte: dass all das scheißegal war.

Ich setzte mich, nahm einen weiteren Schluck aus der Sektflasche und schaute in den Himmel. Die Sonne schien von einem stahlblauen Himmel, und dicke weiße Wattewolken zogen vorbei. Ich hätte heulen können – nein, ich tat es. Ich war glücklich.

LILLEMY und die Ostseeprinzessin

Da ich in meiner Vorbereitung sämtliche Segelbücher nach ihren Packlisten durchforstet habe, darf hier meine eigene nicht fehlen, obwohl sie mit Vorbehalt zu lesen ist.

Navigation – Navigiert habe ich mit normalen See- und Sportbootkarten, Dreieck, Zirkel und dem Garmin 72H Hand-GPS-Gerät, was meiner Meinung nach völlig ausreicht, selbst für die Schärengärten vor Schweden und Finnland. Bis auf die Ansteuerung von St. Petersburg habe ich mir alle Seekarten von Bekannten zusammengeliehen, was mir ein weiteres Jahr Arbeiten erspart hat. Dabei waren: die deutschen Sportbootkartensätze (Serien 2, 4, 13), schwedische Sportbootkarten (Ostkusten, Sydostkusten, Stockholm skärgård), finnische Sportbootkarten (Serien A, B, C, D), estnische Sportbootkartensätze (Serien 1, 2, 3), »Leisure Craft Charts. Baltic Sea, Latvia«, die britische Seekarte für Kronstadt bis St. Petersburg BA 2395 und die vom BSH herausgegebene Seekarte Nummer 152.
Ausrüstung – Neben Bootshaken, unzähligen Fendern und Leinen gibt es bei mir noch eine Rollfockanlage, einen Spirituskocher, ein Schlauchboot, den Winkelradarreflektor Echo Star, einen 6-kg-Bric-Anker mit 5 m Kettenvorlauf (beides definitiv zu wenig), eine spritzwasserfeste Taschenlampe, Werkzeugkoffer (Multizange, Rohrzange, Schraubendreher Kreuz und Schlitz, Schlüssel 7–22, Hammer), Dieselkanister 25 Liter und das Wichtigste: eine Fleecedecke.
Sicherheit – Sicherheit geht vor, sogar bei mir. In greifbarer Nähe sind verstaut: Rettungsinsel für vier Personen, Rauchtopf orange, Signalgeber mit sechs Schuss, gelber Rettungskragen mit Notblitzgerät, Bordapotheke Modell Stefanie, ABC-Pulver-Feuerlöscher, je drei Handfackeln rot und weiß sowie für jedes Crewmitglied Rettungswesten (Secumar Bolero 275) und Lifebelts.
Kommunikation – Von Boot zu Boot oder Hafen in Sichtweite hat mir das Standard Horizon Funkgerät beste Dienste geleistet, auch wenn ich eine Weile gebraucht habe, mit dieser Art der Kommunikation zurechtzukommen. Das Telefonnetz hat eine Reichweite bis zur letzten Insel, wodurch ich meiner Mutter jeden Tag die versprochene Ich-bin-noch-da-SMS schreiben konnte. Einen Internethotspot besitzt inzwischen fast jeder kleinste Hafen, wobei der Zugang in größeren Häfen oft kostenpflichtig ist. So konnte ich regelmäßig Bilder und Berichte auf meiner Webseite hochladen, E-Mails schreiben und skypen, was alles um einiges günstiger ist, als die Roaminggebühren zu zahlen.
Visum – Für die russischen Hoheitsgewässer benötigt jedes Crewmitglied ein Visum. Beantragen kann man es beim russischen Konsulat, direkt bei der russischen Botschaft (sofern man der russischen Sprache mächtig ist) oder über einige russische Reisebüros. Neben einem ausgefüllten Visumsantrag benötigt man ein Passbild, einen gültigen Reisepass, einen Verdienstnachweis und einen Nachweis einer Reisekrankenversicherung von einer in Russland anerkannten Krankenversicherung. Außerdem die Adresse einer in Russland gemeldeten Person, wobei das auch das russische Reisebüro gegen eine kleine Zuzahlung selbst regelt. Gültig ist das Visum für eine einmalige Einreise nach Russland und einen einmonatigen Aufenthalt, dessen Zeitraum allerdings schon bei der Antragstellung festgelegt werden muss. Insgesamt haben wir für Visum und Einladung 60 Euro pro Person bezahlt. Zur weiteren Unterstützung gibt es vor Ort in St. Petersburg Ansprechpartner, die als eine Art Nebenverdienst Segler bei der Einreise und den Formalitäten unterstützen. Hab ich auch in Anspruch genommen (Vladimir Ivankiv), super sinnvoll, gerade für das erste Mal.

Allgemeine Daten zur LILLEMY
Typ: Ecume de Mer
Herkunft: La Rochelle
Baujahr: 1971
Länge: 7,90 Meter
Breite: 2,65 Meter
Tiefgang: 1,25 Meter
Gewicht: 1,8 Tonnen
Material: GFK

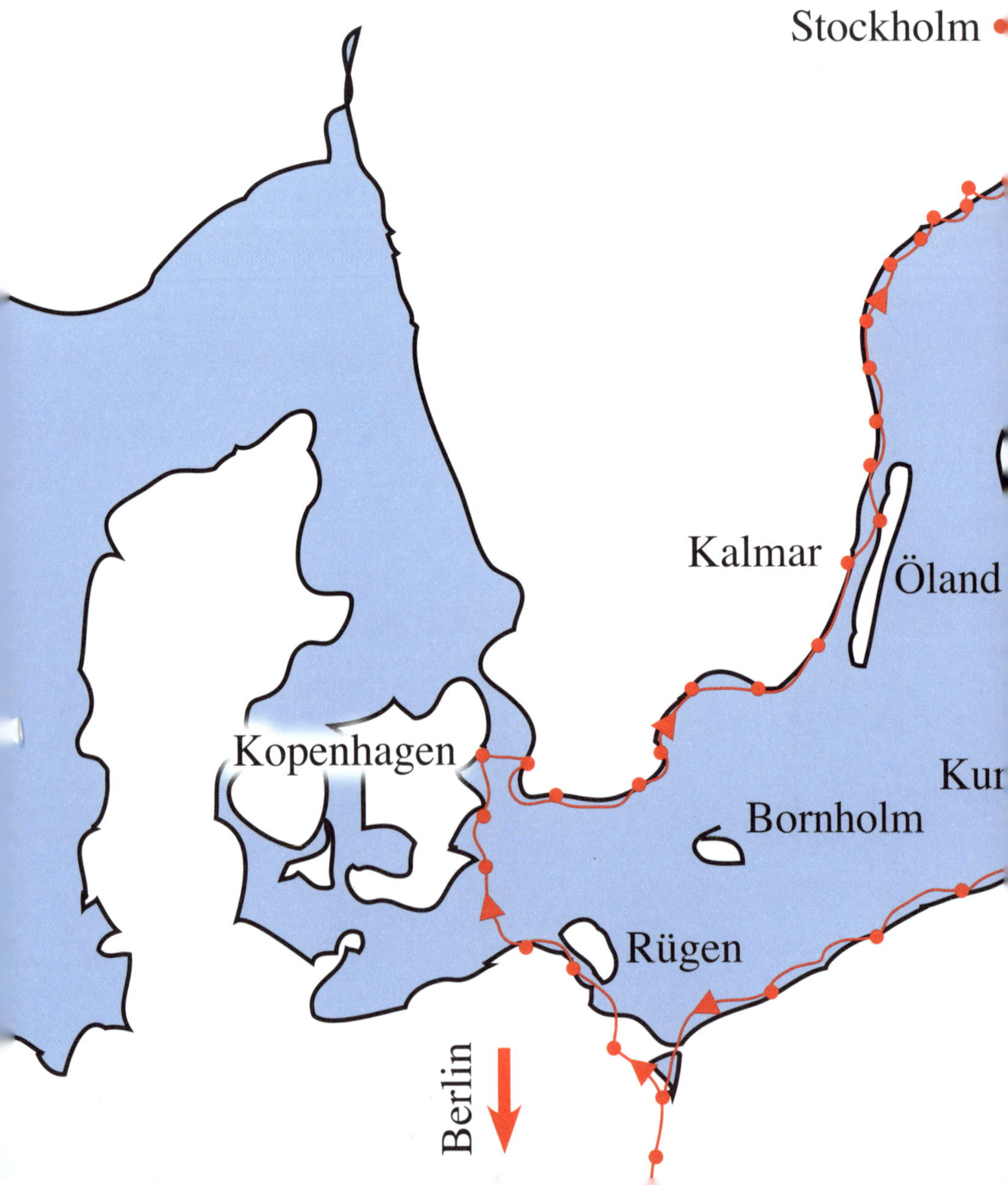